Patricia Cammarata

RAUS AUS DER MENTAL LOAD FALLE

OAD

Patricia Cammarata

RAUS
aus der
MENTAL LOAD FALLE

Wie gerechte Arbeitsteilung in der Familie gelingt

Illustrationen von
Frollein Motte

BELTZ

MIX
Papier | Fördert gute Waldnutzung
FSC® C089473
www.fsc.org

Dieses Buch ist erhältlich als:
ISBN 978-3-407-86632-5 Print
ISBN 978-3-407-86633-2 E-Book (EPUB)

9. Auflage 2026

Werderstraße 10, 69469 Weinheim
service@beltz.de

Illustrationen Innenteil: © Frollein Motte (Teresa Holtmann)
www.frolleinmotte.com

Lektorat: Katharina Theml, Petra Dorn
Umschlaggestaltung: www.anjagrimmgestaltung.de
Umschlagabbildung: © Jan van Holleben
Herstellung und Layout: Sarah Veith
Satz: Publikations Atelier, Dreieich
Druck und Bindung: Beltz Grafische Betriebe, Bad Langensalza
Beltz Grafische Betriebe ist ein Unternehmen mit finanziellem Klimabeitrag (ID 15985-2104-1001).
Printed in Germany

Weitere Informationen zu unseren Autor_innen und Titeln finden Sie unter: www.beltz.de

Liebe erkennt man nicht
an schönen Worten, sondern an
beherzten Taten.
Das hast du mich gelehrt.
Danke dafür.

Leute! Wir haben nur noch 141 Jahre!

Wenn die Sache mit der Gleichstellung weiter in dem Tempo geht, haben wir sie noch nicht erreicht, wenn die Vereinigte Föderation der Planeten 2161 gegründet wird. Die Erde nehmen sie dann nicht, weil sie so rückständig ist.

Twitter @PavlovicSusanne

INHALT

DAS SYMPTOM: TOTALE ERSCHÖPFUNG

Ich war 35 Jahre alt und hatte laut Lohnsteuerkarte 1,5 Kinder. Zwei eigene und ein Kind, das mein Mann mit in die Ehe gebracht hatte. Fünf Jahre arbeitete ich schon als Projektmanagerin bei einem mittelständischen IT-Dienstleister. Ich arbeitete 30 Stunden die Woche Teilzeit, Homeoffice war kein Thema, Start und Ende meiner Arbeitszeiten konnte ich flexibel bestimmen, ich musste fast nie reisen, es wurde zuverlässig dokumentiert, und mir standen Tools zur Verfügung, die es mir möglich machten, orts- und zeitunabhängig zu arbeiten. Vor 10 Uhr und nach 16 Uhr gab es keine Meetings.

Zwei meiner Kinder hatten einen Betreuungsplatz in einer Kita, von der andere nur träumen konnten. Die Kita hatte von 8 bis 17 Uhr geöffnet, es gab keine Ferienschließzeiten, und die Kinder wurden so liebevoll und herzlich umsorgt, dass sie sich fast jeden Tag beschwerten, wenn ich sie abholte. Das älteste Kind besuchte eine Schule mit Hortbetreuung, die so nah war, dass es alleine nach Hause gehen konnte.

Mein Mann war engagierter Vater und half auch im Haushalt mit. An einigen Tagen brachte er die Kinder in den Kindergarten, ein Nachmittag pro Woche war »Papa-Tag«, und wenn es etwas zu tun gab, musste ich ihn nur fragen, und es wurde irgendwann erledigt. Meistens jedenfalls.

Meine Mutter war hin und weg. So viel Glück hatte sie damals nicht. Mein Mann bügelte sogar seine Hemden selbst! Weil ich mich standhaft weigerte, das zu tun (in Berlin kann man sie auch für 99 Cent das Stück in die Reinigung bringen), befürchtete sie, dass er irgendwann die Scheidung einreichen würde.

Ich hatte gerade 14 Monate Elternzeit gehabt. Zwölf davon alleine, zwei gemeinsam mit meinem Mann. Das jüngste Kind war erfolgreich im Kindergarten eingewöhnt, und ich freute mich riesig auf die Arbeit. Ich arbeitete gerne, ich hatte meine Kolleg*innen und meine Aufgaben vermisst. Tatsächlich war ich voller Vorfreude auf den neuen Lebensabschnitt. Denn nach der Geburt meines ersten Kindes hatte die Rückkehr in den Job problemlos geklappt. Ich spürte große Dankbarkeit, denn von vielen Freundinnen hatte ich bislang nur Horrorgeschichten gehört, wie sie nach der Geburt des ersten Kindes aus ihrem Job gemobbt wurden.

So startete ich also ins neue alte Jobleben. Sogar mein Arbeitsweg war kurz. Von Tür zu Tür benötigte ich keine 30 Minuten. Ich musste lediglich einige Stationen mit der U-Bahn bis zum Alexanderplatz fahren. Dort stieg ich aus, lief an einem großen Kino vorbei und war fünf Minuten später in meinem Büro. Es irritierte mich deswegen sehr, dass mich regelmäßig schon in der U-Bahn eine unglaubliche Müdigkeit erfasste. Schon das Aussteigen bereitete mir Mühe. Ich ließ mich von den Menschenmassen der Rushhour mitziehen und nahm immer den Aufgang, der mich vor das Kino führte. Vor dem Kino dann wurden meine Beine wie Blei. Es fühlte sich an, als wäre ich Astronautin und irgendwer hätte die Schwerkraft auf meinem Raumschiff falsch konfiguriert. Ich wurde immer langsamer, stand vor dem Kino, blickte müde an der Fassade hoch und dachte mir: »Wenn ich mich hier kurz auf den Asphalt lege – nur zehn Minuten –, dann geht es mir bestimmt besser.« Der graue Boden sah seltsam einladend aus. Mein Körper fühlte sich heiß und schwer an, und bestimmt wäre es sehr angenehm, nur kurz auf dem Boden auszuruhen und ein wenig Kraft zu tanken. Nur einen Augenblick. Vielleicht, bis die anderen Pendler an mir vorbeigezogen waren? Dann würde ich gestärkt und frisch in den Arbeitstag starten. So ging es Tag für Tag. Ich legte mich nie hin. Mir war schon klar, dass es nicht gesund war, sich in der Öffentlichkeit hinlegen zu wollen. Erwachsene Menschen legen sich nun mal nicht auf Straßen.

Ich musste etwas unternehmen. Mich irgendwie entlasten. Ich betrachtete also meinen Alltag und strich alle Aktivitäten, die

nicht unbedingt notwendig waren. Keine Verabredungen mehr mit Freundinnen, auch nicht nach der Kita für den Spielplatz. Ich ging zu keinen Bastelnachmittagen mehr, legte mein Amt als Elternsprecherin nieder, und wenn es in der Schule oder im Kindergarten ein Buffet zu bestücken gab, brachte ich Saft oder einen Aufbackkuchen mit. Permanent hatte ich ein schlechtes Gewissen, aber da es nicht anders ging, war das das kleinere Übel. Nach ungefähr sechs Wochen funktionierte ich wieder. Ich wollte mich nicht mehr auf den kalten Boden vor dem Kino legen und konnte ohne Zwischenfälle arbeiten gehen – was aber nichts daran änderte, dass ich regelmäßig um 20 Uhr im warmen Bett meiner Kinder einschlief.

So vergingen Jahre. Jahre, in denen ich mich kraftlos und ständig müde fühlte. Aber das schien normal. Andere Mütter hatten das auch. Die Dauererschöpfung gehört zum Muttersein, so schien es mir logisch und quasi natürlich. Mütter, die nicht total platt waren, Mütter, deren Kinder durchschliefen, Mütter, die vielleicht nur ein genügsames Kind hatten oder die finanziellen Mittel, sich zu entlasten, entschuldigten sich bei den Müttern, die fix und alle waren. Die anderen Mütter waren Teil eines Geheimbunds. Wir verstanden nur allzu gut, wie gut es denen ging, die mal in Ruhe duschen konnten. Die mal 20 Minuten nur für sich im Bad hatten. Bei denen nicht ein Kind mit in der Wanne saß oder an die Tür klopfte, weil es genau jetzt auch mal dringend die Toilette benutzen musste.

Wir versicherten uns gegenseitig, dass es okay sei, drei Mal die Woche Nudeln mit Tomatensoße zu kochen. Man konnte ja immerhin einen Alibisalat dazu bereiten. Heldinnen waren diejenigen, die noch Zeit hatten, sich mal die Fingernägel zu lackieren oder gar einen Lidstrich zu ziehen. Wie machten die das bloß? Ich wusste es nicht. Erst Jahre später begriff ich, was mit mir los gewesen war.

2017 stieß ich im Internet auf einen Auszug aus dem Comic *The Mental Load* von der französischen Illustratorin Emma.[1] Ich hatte diesen Begriff noch nie gehört. Aber als ich den Comic fertig gelesen hatte, fühlte ich mich regelrecht erleuchtet. Das war es, was mich all die Jahre so fertiggemacht hatte. Es fühlte sich an, als ob das Ende einer jahrelangen Leidensgeschichte in Sicht sei, als ob ich eine Ärztin gefunden hätte, die eine Diagnose stellen konnte. Emma schreibt in ihrem Comic: »Ich hoffe, dass diese Seiten Eingang in Ihre Graswurzelkämpfe finden … Ich hoffe, dass meine Sozialanalyse und meine Bilder ebenfalls einen Nutzen für Sie haben.« Ihr Wunsch ist wahr geworden, denn ihr Comic ging nicht nur in Frankreich, sondern weltweit viral.

Auch mir war jetzt klar: Neben den eigentlichen To-dos, die ich täglich abarbeitete, hatte mich der Mental Load an die Grenzen meiner Belastbarkeit gebracht.

Mental Load – endlich hatte das Kind für mich einen Namen und war dadurch greifbar geworden. Was ich nicht wusste: Dieses Wissen würde mein Leben nachhaltig verändern, und ich spoilere mal: zum Positiven …

DIE DIAGNOSE: MENTAL LOAD

Das, was ich tue, ist ohne Bedeutung. Ich bin gut, um die Wäsche zu waschen, den Kühlschrank aufzufüllen. Ich bin ein Automat für Futter. Für Liebe.

Elvira Gianini, Eine kleine Lüge (TV-Serie)

Das Witzige am Thema Mental Load ist: Frauen muss man in der Regel gar nicht erklären, was Mental Load ist. Es reicht eigentlich, dass man sich einige wenige Schlagworte oder Beispiele zuwirft. »Diese unendliche To-do-Liste, die ständig vor sich hin rattert, auch wenn du abends auf dem Sofa sitzt. Die es dir schwer macht, einzuschlafen, und die dich morgens vor dem Weckerklingeln hochschrecken lässt. DAS ist Mental Load.« »Alles klar, verstanden. Geht mir auch so. Wusste nur nicht, dass es dafür einen Namen gibt …« Für Frauen, egal, ob mit oder ohne Kind(er), ist Mental Load normal. Es gehört irgendwie zum Frausein, für alles im Haushalt, in der Beziehung und bezogen auf die Kinder verantwortlich zu sein.

Viele Männer, die das erste Mal von dem Begriff Mental Load hören, haben ein großes Fragezeichen im Kopf: Was ist denn, bitte, das schon wieder? Und ein bisschen haben sie ja recht. Das Phänomen Mental Load gab es eigentlich schon immer. Lediglich der

Name ist neu. Wer in den frühen 2000er-Jahren ferngesehen hat, der kennt sogar schon ein Musterbeispiel für Mental Load. Da beschreibt die Firma Vorwerk ganz hervorragend das Phänomen, indem sie aus einer Hausfrau und Mutter einfach eine Familienmanagerin machen.

Ich leite ein kleines Familienunternehmen.[1]

Erinnert ihr euch? Im besagten Werbespot wird eine Hausfrau und Mutter auf einer Cocktailparty schnippisch gefragt: »Und? Was machen Sie so – *beruflich*?« Die angesprochene Frau sagt: »Ich? …« Und man sieht in den folgenden 30 Sekunden, wie sie morgens den Mann verabschiedet, während sie in der Küche zeitgleich drei Kinder versorgt, sie schmeißt einen Kindergeburtstag, hilft einem Kind bei den Hausaufgaben, putzt, telefoniert, kümmert sich darum, dass die Kinder wettergemäß angezogen sind, pflegt ein krankes Kind, bügelt, während die Kinder um sie herum spielen, um sich abends dann gemeinsam mit Mann und Kindern aufs Sofa fallen zu lassen. Sie setzt noch einmal an und sagt selbstbewusst: »Ich führe ein sehr erfolgreiches kleines Familienunternehmen!« Die Fragende schaut pikiert.

Damit ist Mental Load ziemlich gut getroffen. Denn es werden die wichtigsten drei Facetten gezeigt:

- Die (sichtbaren und) unsichtbaren Aufgaben, die es rund um die Familie zu erledigen gibt.
- Der Umstand, dass alles auf einer Person lastet und

- dass es in der Regel ziemlich wenig Wertschätzung für diesen Job gibt.

Im Grunde sagt der Begriff Mental Load erst einmal nichts anderes, als dass es neben den sichtbaren Aufgaben im Alltagsleben sehr, sehr viele unsichtbare Aufgaben gibt, die nie explizit genannt werden und die dennoch alle so nebenher identifiziert, bedacht, geplant und dann erledigt werden müssen. Maßgeblich ist darüber hinaus, dass es in den Familien meist eine einzige Person ist, die die komplette Verantwortung für alle Prozesse und Ergebnisse trägt. In den allermeisten Fällen sind das die Frauen. Sie tragen die volle Verantwortung und damit den Mental Load, und zwar unabhängig vom Umfang der eigenen Erwerbstätigkeit.

In dem Audible-Podcast »German Liebe« (Staffel 2, Folge 1: »Wie steht es um die Gleichberechtigung?«), in dem ich Mental Load beschreibe, fasst der Moderator Daniel Hirsch Mental Load als »die Prozesse im Hintergrund« zusammen, die »unseren Arbeitsspeicher im Kopf belegen. Bis es dann irgendwann zu viel wird. Der Rechner stürzt ab, und wir Menschen legen uns auf den Alexanderplatz.«[2] Das fand ich (als technikaffiner Mensch) ein sehr passendes Bild. Denn es geht eben nicht nur darum, ein Geburtstagsgeschenk zu besorgen, das das Kind mitnehmen kann, wenn es zu einer Geburtstagsfeier eingeladen wird. Sondern es geht darum, die Aktion »Geschenk einkaufen« in die ohnehin bestehenden Alltagsabläufe einzubauen. So erkundigt man sich vielleicht erst bei den Eltern des Kindes, ob es einen bestimmten Wunsch hat, oder denkt sich selbst etwas aus, das sowohl dem zu beschenkenden Kind als auch dem Budget und der zur Verfügung stehenden Zeit entspricht. Dann muss man es besorgen, verpacken und sich merken, damit man im nächsten Jahr nicht versehentlich das Gleiche schenkt.

Nicht so dramatisch, könnte man da jetzt denken, wäre das Geschenkebesorgen die einzige Aufgabe, die man so hat – neben Kinder versorgen und Haushalt schmeißen und dem eigenen Job nachgehen. Und wäre da nicht noch:

- Beim Abholen der Kinder aus dem Kindergarten jedes Mal den Wäschebeutel kontrollieren, ob saisonal passende Wechselwäsche vorhanden ist
- Bastelmaterialien für den Bastelnachmittag besorgen
- Kuchen für das Sommerfest in der Schule des anderen Kindes backen
- Alle Termine der Kinder regelmäßig in den gemeinsamen Kalender eintragen und up to date halten
- Für die Tage, an denen es keine Kinderbetreuung gibt, Kinderbetreuung sicherstellen
- Oh. Die Schuhe drücken und es ist bald Winter. Vielleicht schon mal Winterstiefel besorgen?
- Apropos Schuhe: Auch mal wieder in den Turnbeutel schauen. Jetzt brauchen die Kinder wieder Turnschuhe mit weißen Sohlen für die Halle.
- Mist, im Kindergarten gibt es wieder Läuse. Also in der Apotheke Läusemittel besorgen und die Köpfe der Kinder jeden Tag kontrollieren.
- Das Kind braucht ein Wolkenheft. Was zur Hölle ist das und wo bekomme ich es her?
- In zwei Tagen geht es auf Geschäftsreise. Ist alles vorbereitet, sodass mein Ausfall kompensiert werden kann?

- Ah. In zwei Wochen hat eines der Kinder Geburtstag. Wie soll da eigentlich mit wem und wann genau gefeiert werden?
- Die Schwiegermutter hat Geburtstag. Wollen wir da am Wochenende hinfahren, Blumen schicken? Welche Pläne gibt es? Da muss man doch mal den Mann fragen.
- Ihhh. Wie sandig ist das Kind eigentlich? Es muss unbedingt gebadet werden!

You get the point. Ich könnte das ganze Buch mit diesen Plänen vollschreiben. Weil es das ist, was ich den ganzen Tag gemacht habe, bevor ich meinen Mental Load mit einer zweiten Person teilen konnte. Unendliche To-do-Listen zu führen, war viele Jahre ausschließlich *mein* Job. Deren Abarbeitung zu planen, Prozesse zu optimieren (wenn man schon unterwegs ist, um Winterstiefel zu besorgen, ist es natürlich sinnvoll, auch nach Turnschuhen

mit weißen Sohlen für die Hallensaison zu schauen), zu überlegen, wann ich was mache, Wege zu optimieren (wenn ich das eine Kind aus dem Kindergarten abhole, dann kann ich gleich beim Schreibwarengeschäft vorbei, um das Wolkenheft zu holen) und innerlich Protokoll zu führen (den Zwetschgenkuchen wollte neulich im Kindergarten niemand essen, weil sie vorher über Maden in Zwetschgen gesprochen haben; den vielleicht nicht wieder backen). Und habe ich diese Aufgaben jemals irgendjemandem gegenüber erwähnt? In der Regel nicht. Die Planung ratterte aber in meinem Kopf. Den ganzen Tag und jeden Abend. Was ging, erledigte ich schnell nebenher. Dabei sind viele dieser Aufgaben auch mit großem emotionalem Druck verbunden.

Auf Instagram beschrieb Lea Gscheidel (@fraulea) sinngemäß, was noch alles dazugehört:

- Die Angst, ob man einen Kindergartenplatz bekommt.
- Der Druck, zu entscheiden, ob man bei bestimmten Symptomen zum Arzt geht oder doch noch wartet.
- Die Entscheidung, ab wann man zufüttert, und die Frage, was und ob das wirklich richtig ist.
- Die Verantwortung, immer die richtigen Medikamente in der Hausapotheke zu haben, falls etwas passiert.

Das Kapitel »You should've asked« aus dem Comic von Emma gibt genau diese zahlreichen Facetten von Mental Load wieder. Es beschreibt, warum auch gewillte Partner das Problem am Mental Load oft nicht verstehen. Emma zeigt das Dilemma am Beispiel der Aufgabe »Tisch abräumen«, die von Männern und Frauen in der Regel unterschiedlich gehandhabt wird. Der Mann steht nach dem Essen auf und räumt die Sachen vom Tisch in die Küche. Wenn man Glück hat, räumt er das Geschirr sogar in die Spülmaschine (viele stellen es nur auf die Spülmaschine – im festen Glauben, dass schmutziges Geschirr durch die Oberfläche diffundiert, denn irgendwann ist es ja immer verschwunden) und die Essensreste in den Kühlschrank. Zeitaufwand 15 Minuten.

Die Frau räumt anders ab. Sie nimmt die erste Fuhre schmutziges Geschirr, steigt über eine Jacke, die eines der Kinder hat fallen lassen, stellt das Geschirr ab, will die Jacke an die Garderobe hängen, sieht, dass die Jacke dringend gewaschen werden muss, nimmt sie, wirft sie in die Waschmaschine und sucht sich in der Wohnung weitere Schmutzwäsche zusammen, um die Maschine vollzubekommen. Die Wäsche muss heute Abend gewaschen und getrocknet werden, damit das Kind die Jacke morgen wieder anziehen kann. Während die Waschmaschine vollgepackt wird, fällt ihr auf, dass das

Waschmittel bald leer ist. Sie setzt »Waschmittel« auf die Einkaufsliste. Die Waschmaschine wird angestellt. Dann geht es zurück in die Küche. Geschirr in die Spülmaschine, die erst mal ausgeräumt werden muss. Also Spülmaschine ausräumen. Wieder einräumen. Essensreste in Glasbehälter und in den Kühlschrank stellen, da fällt auf: Senf muss auch gekauft werden und die Zutaten für den Kuchen des Schulbuffets. Während man die Einkaufslisten-App also vervollständigt, poppt der Reminder »Freitag keine Schule« auf. Mist. Da hat man das wichtige Meeting, also kein Homeoffice. Schnell die befreundete Mutter anrufen, ob sie das Kind freundlicherweise betreuen kann. Nicht aufgegessene Reste auf den Tellern in den Biomüll. Orrr. Der ist voll. Also zum Müll runter und die Reste entsorgen, bevor die Fruchtfliegen kommen. Küche putzen, Esstisch abwischen. Fertig! Das Ganze hat 90 Minuten gedauert.

Ja, selbst schuld, ne? Man hätte ja auch mal den Mann fragen können, ob der sich um die Wäsche kümmert. Das Problem ist nur: Das Fragen und Erklären dauert am Ende fast genauso lange, wie es dauert, es selbst zu erledigen.[3]

Viele Frauen werden sich in dieser Beschreibung wiederfinden. All das geschieht sogar häufig, ohne dass man es irgendwie registriert. So war es bei mir. Es war einfach meine Aufgabe – mein Schicksal. Ich bin Frau. Ich sehe den Dreck einfach mehr. Ich habe höhere Sauberkeitsstandards. Mir ist Ordnung wichtiger. Es liegt mir im Blut! Ich kenne mich besser aus. Ich weiß einfach, was die Kinder gerne essen, was sie in der Schule an Material verwenden, wie ihre Freund*innen heißen, und auch die Geburtstage der Verwandtschaft habe ich einfach im Kopf. Ich dekoriere, backe, koche lieber, und ich bin ein bisschen kontrollsüchtig, weswegen ich nicht so gerne Sachen abgebe.[4]

Plus: Die Kinder verlangen nach Mama. Wie viele Sonntage habe ich versucht »auszuschlafen«? Der Ablauf war immer derselbe: Ich war total erschöpft und sagte meinem Mann, dass ich am Sonntag mal gerne ausschlafen würde. Wir wussten beide, dass ausschlafen nicht unbedingt heißt, dass ich schlafe. Ich bin keine Langschläferin, war es noch nie, aber ich finde es super, wenn ich bis sieben Uhr im Bett liegen bleiben und dann bei einem Kaffee noch eine Stunde in meinem Smartphone lesen kann. Das entspannt und entlastet mich. Die Kinder (damals im Kleinkindalter) waren meistens gegen sechs Uhr wach und wollten beschäftigt werden. Mein Mann versprach also, dass er am nächsten Tag aufstehen und mich ausschlafen lassen würde. Das tat er auch, nachdem die Kinder an unser Bett gekommen waren und sich rund 20 Minuten lautstark beschwert hatten, dass sie frühstücken wollten. Mein Mann stand also nach 20 Minuten auf und ging in die Küche. Die Kinder blieben in meinem Bett, er kam sie holen, doch keine zwei Minuten später standen sie vor der verschlossenen Schlafzimmertür und schrien: »Mama! Mama!« Nach 15 Minuten stand ich entnervt auf. Mein Mann reagierte verzweifelt: »Sie wollten zu dir, was soll ich denn machen?« Ja, keine Ahnung. Wir frühstückten zusammen, ich räumte ab.

Mental Load hat viele Gesichter. Und nicht nur in Familien mit Kindern. Jeder »Schaaaahaaatz??! Wo sind meine Hosen?«-Ruf ist ein verschlüsselter Mental-Load-Ruf. Denn wo sollen sie sein, die Hosen? Im Schrank. Da, wo frau sie immer reinlegt. Warum hat die Frau die Verantwortung für die Hosen des Mannes? Warum stehen vor allem Männer vor Kleider- und Kühlschränken und rufen?

#notallmen

Mental Load ist im Grunde nicht an ein bestimmtes Geschlecht gebunden. In den heteronormativen Durchschnittsfamilien tragen dennoch vor allem Frauen den Mental Load.

Interessant ist in diesem Zusammenhang, dass es sich in homosexuellen Beziehungen zunächst ein wenig anders verhält, denn da bestätigen Studien laut *New York Times*, dass »schwule und lesbische Paare […] unbezahlte Arbeit auf gerechtere Weise untereinander aufteilen. Sie haben keine althergebrachten Geschlechterrollen, auf die sie zurückgreifen können, und sie fühlen sich mehr der Gleichberechtigung verpflichtet«.[5] Was ja völlig logisch klingt. Doch kommen Kinder in diesen queeren Beziehungen hinzu, kommt es auch hier zu einem Ungleichgewicht, denn das Paar teilt sich dann die Rollen eher klassisch: Eine*r wird finanzielle*r Versorger*in der Familie, und der oder die andere kümmert sich um Haushalt und Kinder. Letzter*er trägt dann den Großteil des Mental Loads. In einem anderen Artikel der *New York Times* ist zu lesen: »Und das ist nicht immer geschlechterbasiert: Die Forschung mit gleichgeschlechtlichen Paaren hat gezeigt, dass eine Person in der Beziehung mehr zu Hause und weniger im Beruf tut, wenn sie erst einmal Kinder haben.«[6]

Die Crux scheint also darin zu liegen, dass sich die Partner*innen nach der Geburt des ersten Kindes auf eine Aufgabe spezialisieren. Das liegt daran, so der nobelpreisgekürte Wirtschaftswissenschaftler Gary Becker, dass dem Ehemodell ursprünglich der Gedanke von maximaler Effizienz zugrunde lag. Jede*r hatte seine festen Aufgaben. Männer waren hauptsächlich finanzielle Versorger und Frauen eben diejenigen, die Haushalt und Kinder übernahmen und in einem Abhängigkeitsverhältnis zu ihrem Partner standen, weil sie nicht gleichzeitig ein eigenes Einkommen generieren konnten. Diese Verhältnisse lösen sich mit den verbesserten gesellschaftlichen Rahmenbedingungen (wie z. B. Bildungsniveau der Frauen, Kinderbetreuungsmöglichkeiten etc.) zunehmend auf, und so kommt es, dass sich Beziehungen vor allem nach der Geburt des ersten Kindes in den letzten Jahren für Frauen zunehmend ungerecht anfühlen. Denn »seit Frauen selbstbestimmt über Nachwuchs entscheiden können und einen festen Stand im Arbeitsmarkt erworben haben, geht es beim Heiraten zunehmend um Partnerschaftlichkeit«.[7] Das heißt, dass vor allem da, wo Frauen nicht mehr in einem Abhängigkeitsverhältnis zu ihrem Partner stehen, weil sie ein eigenes Einkommen generieren können und sich als Partner auf Augenhöhe fühlen, die Ungleichverteilung von Sorgearbeit besonders ins Gewicht fällt und für Frust sorgt. Wir kommen später im Abschnitt »Nicht um To-dos streiten wir, sondern ums Alleingelassenwerden« noch einmal auf diesen Punkt zu sprechen.

An dieser Stelle können wir schon mal festhalten: Die Geburt eines Kindes hat einen stark retraditionalisierenden Effekt auf Paare – egal, ob diese homo- oder heterosexuell sind –, was dazu führt, dass der Mental Load selten geteilt wird.

Dieses Buch befasst sich mit Mental Load – mit den unsichtbaren Aufgaben des Alltags und mit der damit verbundenen Dauerverantwortung und -belastung. Am Mental Load hängen auch sichtbare Aufgaben – die offensichtlichen To-dos wie Kinder in den Kindergarten bringen und wieder abholen oder Essen kochen. Es ist nicht möglich, diese beiden Themen sauber zu trennen. In der Mengenlehre würde man vielleicht sagen: Die beiden Mengen sind nicht disjunkt. Sie sind miteinander verwoben. Persönlich halte ich es für das Gerechteste, wenn man es schafft, sich Aufgaben und Verantwortung ungefähr 50/50 zu teilen. Das gilt aber nicht für alle Paare.

Damit Paare zufrieden sind, braucht es diese 50/50-Aufteilung nicht unbedingt. »Wenn es um die Arbeitsteilung geht, hängen Glück und eheliche Zufriedenheit nicht davon ab, ob die Hausarbeit zu 50/50 verteilt ist, sondern davon, so zeigen Studien, wie nah die tatsächliche Aufteilung der Arbeit dem Ideal der einzelnen Partner*innen entspricht.«[8] Deswegen leben einige glücklich mit einer 70/30-Aufteilung. Das ist auch völlig in Ordnung. Wichtig ist, dass sich beide Partner wohlfühlen und niemand überlastet ist. Tatsächlich ist das aber selten so. Sehr viele Frauen leiden an der Ungleichverteilung von Aufgaben und Mental Load, nicht selten so sehr, dass sie kurz vor dem Burn-out stehen. Für diese Frauen[9] ist dieses Buch.

Eine Ungleichverteilung von familiärer Arbeitszeit gibt es in allen Lebensmodellen, egal, wer von beiden wie viel (oder ob überhaupt) zusätzlich erwerbstätig ist. Selbst da, wo beide Partner gleich viele Stunden erwerbstätig sind.

Problemlos könnte ich an dieser Stelle ein ganzes Zahlenkapitel einfügen, das diesen Umstand belegt. Egal, welche Studie man sich anschaut, Frauen engagieren sich bei der unbezahlten Sorgearbeit mehr. Diese umfasst unter anderem sämtliche Arbeiten im Haushalt und Garten, die Pflege und Betreuung von Kindern und Erwachsenen sowie ehrenamtliches Engagement. Lediglich die durchschnittlichen Minutenangaben weichen in den unterschiedlichen Studien voneinander ab. Diese Schieflage ist als »Gender Care Gap« bekannt. Den Seiten des Familienministeriums kann man zum Beispiel entnehmen: »Frauen wenden pro Tag im Durchschnitt 52,4 Prozent mehr Zeit für unbezahlte Sorgearbeit auf als Männer«[10], wobei die genaue (Ungleich-)Verteilung je nach Alter und Lebenssituation variiert. Die geschlechterbezogene Lücke ist in Paarhaushalten mit Kindern unter sechs Jahren besonders groß.[11]

Besonders skurrile Auswüchse kann das in Beziehungen, in denen die Frau Vollzeit arbeitet und deutlich mehr Geld verdient als ihr Partner, annehmen: Hier engagiert sie sich sogar überproportional stark im Haushalt, denn sie hat a) ein schlechtes Gewissen ihrem Mann gegenüber (weil sie so viel mehr verdient, das ist schließlich eine Männerdomäne), und b) verlangen die Lebensumstände es, dass dem Mann die »degradierende Hausarbeit zugemutet« wird.[12] Autsch!

Unabhängig davon lastet Mental Load selbst in Beziehungen, in denen sich der Mann zu 50 Prozent an den To-dos beteiligt, in denen es also kein Gender Care Gap gibt, meistens auf der Frau. Nicht selten erhalte ich nach meinen Vorträgen Feedback der folgenden Art: »Ich wusste bis jetzt nicht, was mit mir los ist. Ich fühle mich so erschöpft – dauererschöpft –, aber ich sehe auch, dass mein Mann ganz viel macht. Ich habe manchmal sogar das Gefühl, dass er mehr macht als ich. Trotzdem bin ich total am Ende, und jetzt, da ich den Begriff Mental Load kenne, weiß ich, was mit mir los ist. Es ist so eine große Erleichterung, zu verstehen: Es gibt da was Unsichtbares, das mir Kraft abzieht. Denn jetzt, da ich das weiß, können wir darüber sprechen.«

Deswegen ist mein Buch für all die erschöpften Menschen, die einen Ausweg suchen. Egal, ob mit Kindern oder ohne. Denn ich bin mir sicher, dass mein Buch auch viele hilfreiche Denkansätze für Menschen in Beziehungen ohne Kinder bietet. Dass es auch in kinderlosen Beziehungen eine Schieflage in Sachen Mental Load gibt, erfahre ich über meine Social-Media-Kanäle, wann immer ich mich zu Mental Load äußere. Auch hier denkt meist nur einer der beiden Partner daran, dass die Schwiegermutter bald ihren siebzigsten Geburtstag feiert, weiß, dass sie Lilien liebt, gießt Zimmerpflanzen und überzieht die Bettdecken alle paar Wochen neu. Auch hier erfüllt ein*e Partner*in viele Heinzelmännchenaufgaben und sorgt dafür, dass der Kühlschrank immer gefüllt ist.

Natürlich gibt es nicht den einen Weg raus aus der Dauerbelastung durch Mental Load. Es gibt viele Wege, und man muss ein bisschen ausprobieren, was für die jeweilige Beziehung passt. Das Buch gibt also Anregungen und Denkanstöße, kann aber keine Patentlösungen garantieren.

Weil ich es selbst pragmatisch mag, soll das Buch genau das sein: pragmatisch. Wir haben geklärt, was Mental Load ist, und ich werde, wo es sich anbietet, grob skizzieren, wo Mental Load herkommt. Besonderen Wert lege ich aber darauf, zu zeigen, wie man zu einer besseren Verteilung von Mental Load kommt. Verteilung setzt natürlich voraus, dass es überhaupt eine weitere Person gibt, auf die etwas verteilt werden kann. Manchmal gibt es diese Person nicht. So zum Beispiel bei Alleinerziehenden oder auch in Beziehungen, in denen der Partner gar nicht an einer besseren Umverteilung arbeiten will. Ich hoffe, dass das Buch diesen beiden Gruppen dennoch ein paar Anregungen geben kann. Denn ich glaube, dass man es sich manchmal selbst ein bisschen leichter machen kann. Das Buch soll lebensnah und nicht zu theoretisch sein und möglichst kurz und knapp Lösungswege raus aus der Überlastung zeigen. Das beste Buch hilft nichts, wenn man vor lauter Mental Load nie dazu kommt, überhaupt ein paar Seiten zu lesen und etwas daraus mitzunehmen. »Zeit ist knapp«, schrieb mir eine Leserin unter einen Blogartikel. »Ich kann keine dicken Bücher lesen, deswegen lese ich so gerne bei dir, da kann ich immer was mitnehmen.«

Am besten ist es, wenn beide Partner am Thema Mental Load arbeiten wollen. Ich glaube auch, dass Partner, denen man vermitteln kann, wo die große Belastung herkommt und wie man sie beheben kann, daran interessiert sind, sie zu reduzieren. Ich höre das jedenfalls sehr oft von Männern. Ist ja auch logisch. Wer seine Partnerin liebt, der will, dass es ihr gut geht. Denn nur, wenn es beiden in einer Beziehung gut geht, hat man gemeinsam ein schönes Leben.

Sprachlich adressiere ich hier im Buch das Mutter-Vater-Kind(er)-Schema und fokussiere mich deswegen auf Frauen. Ich werde nicht jedes Mal dazuschreiben, dass es auch Männer gibt, die in Beziehungen oder Familien den Mental Load tragen. Sie sind immer mit gemeint, und es ist auch völlig klar, dass Männer in der Regel nicht der Feind, sondern unsere Verbündeten und Partner sind. Im Internet gibt es dafür das Hashtag #notallmen. Not all men gilt in meinem Buch immer. Es muss nicht jedes Mal dazugesagt werden.

Ist Mental Load genetisch?

Aber, Moment! Wenn doch viel mehr Frauen als Männer an Mental Load leiden, ist es vielleicht ja doch genetisch. Vielleicht liegt es am zweiten X-Chromosom, dass Frauen immer alles an sich reißen, und am Y-Chromosom, dass die Männer einfach ein bisschen schusselig sind und ihre Socken nicht alleine finden können? Männer und Frauen sind halt so! Wie oft ich das höre und lese. Männer sind vom Mars und die Frauen von der Venus. Der liebe Gott hat uns so gemacht, damit John Grey und Mario Barth darüber lustige Bücher schreiben können oder ganze Stadien füllen, damit wir über diese Absonderlichkeiten lachen können. Wenigstens das.

Ich war fast so weit, das zu akzeptieren, denn es war ja so. In meinem Leben und im Leben meiner Freundinnen. Es gibt eine Situation, die sich in meinem Leben bereits einige Male so abgespielt hat: Eine Freundin bekommt ein Baby, und ich bin zum Kaffee eingeladen, um das Kind willkommen zu heißen. Wir sitzen zusammen am Tisch. Meine Freundin hat Kuchen gebacken und den Tisch für uns gedeckt. Sie sieht ziemlich fertig aus. Ich schuckle das Baby, und ihr Mann erzählt mir: »Seit Theo geboren ist, kann ich mir meine 60 Wochenstunden im Job abschminken. Da muss das in 40 Stunden klappen, und für meine Hobbys, du weißt ja, ich bin beim NABU aktiv, hab ich auch kaum noch Zeit. Da kommen kaum zehn Stunden pro Woche rum.« Während er redet, mustere ich meine Freundin. Ich weiß genau, was sie gerade durchmacht. Der Schlafentzug, die Unsicherheit und Angst, wenn das Baby schreit und man nicht genau weiß, was los ist, das Dauerstillen, die Einsamkeit tagsüber. Er hingegen hat scheinbar keinen Schimmer. Für ihn bedeutet Zurücktreten ein paar weniger Überstunden und etwas weniger Selbstverwirklichung als bislang – nicht die komplette Selbstaufgabe. Ich bin aber selbst viel zu erschöpft, um irgendetwas zu sagen, und nicke mitfühlend.

Gibt's da was von Ratiopharm?

Als ich selbst in der Situation meiner Freundin war, habe ich mich ständig gefragt, was mit mir los ist. Wieso war ich immer so müde? Wieso schaffte ich nicht, was ich mir tagtäglich vorgenommen hatte? War ich etwa alt geworden? Kraftloser als andere? Wie kriegten all die anderen das hin? Sie machten alles, was ich machte, und sahen dabei auch noch perfekt aus. Sie schienen Zeit für den Friseur zu haben, für lackierte Fingernägel und fleckenfreie Kleidung. Ich fühlte mich wie eine Versagerin. Eine schlechte Mutter. Anscheinend war ich drei Kindern nicht gewachsen. Mit meinem dritten Kind schaffte ich es einfach nicht, Krabbelgruppen zu besuchen. Mit meinem Erstgeborenen hatte ich das noch gemacht. Das volle Programm: PEKIP, Babyschwimmen, Babyzeichnen, Mütterbrunch. Außerdem war ich eine schlechte Partnerin. Ich schlief immer um 20 Uhr neben meinen Kindern ein. Ich hatte überhaupt keinen Nerv mehr, mir Sachen über seinen Job anzuhören. Meine sieben Zusatzkilo, die ich seit der ersten Schwangerschaft mit mir herumschleppte, wurde ich nicht mehr los. Ich konnte ja eigentlich froh sein, nicht von meinem Partner verlassen zu werden. Und meine Mutter bekräftigte das – schließlich bügelte ich ja nicht mal die Hemden meines Mannes!

Ich war voll drin in der Mental-Load-Falle. Und weil ich den Begriff nicht mal kannte, hielt ich alles für mein eigenes Versagen, meine eigene Unfähigkeit und meine eigene Undankbarkeit.

Jahre später fiel mir das Buch *Bitterfotze* von Maria Sveland in die Hände, und ich habe darin gelesen und mich noch nie so verstanden gefühlt. In diesem Buch entflieht die total erschöpfte Protagonistin Sara ihrem Familienalltag und reist ein paar Tage nach

Teneriffa. Sie fühlt sich dabei schrecklich, weil sie ihren zweijährigen Sohn beim Vater zurücklässt, aber sie kann einfach nicht mehr. Sie braucht eine Pause, sie muss ein paar Nächte störungsfrei schlafen. Auf Teneriffa denkt sie über die Ungleichverteilung der Familienarbeit nach und beschreibt das Gefühl, das bei ihr aufkommt, als »bitterfotzig«. Sie ist ratlos, wie man Männern klarmachen könnte, dass es diese tiefe Ungerechtigkeit gibt, die sie innerlich so verbittern lässt.

»Manchmal denke ich, die einzige Möglichkeit, Gleichberechtigung zu erreichen, ist, das Verhalten [...] der Männer zu übernehmen. [...] Dass Frauen wirklich die Verantwortung abgeben müssen, sich gestatten, genauso schlampig, vergesslich und egoistisch zu werden wie die Männer.«[13] Die Protagonistin stellt fest, dass sie vor ihrer Beziehung alles hatte: »Zeit, Schlaf und Freiheit.« Das alles hat sie mit ihrer Ehe und ihrem Kind stückweise abgegeben. Ohne dass sie das dauerhaft wollte und auch ohne dass sie (zumindest nicht kampflos) Teile davon zurückbekommen kann. Ihr Mann hingegen kann diese Privilegien weiter genießen. Das macht Sara neidisch, verzweifelt und bitter. Sie beschreibt »typisch weibliche« Verhaltensweisen, in denen auch ich mich wiedererkannte und die mich in diesem Moment der Erkenntnis unendlich traurig und frustriert machten. So liegt sie am Pool, ist eingenickt und wacht plötzlich von Geschrei auf: »Kinder streiten sich mit ihrer Mutter, die ruft, sie sollen jetzt aus dem Wasser kommen, SOFORT! Kein Vater. Nie schreien irgendwelche Väter hysterisch vor Müdigkeit ihre Kinder an. Sie sitzen wohl an der Bar und trinken Bier und *reden.*«

Ja, auch ich habe früher viel rumgeschrien, war dauerverspannt, und mein Humor war irgendwo auf der Strecke liegen geblieben. Es klingt sehr unerfreulich, und das ist es auch, aber auch ich war in dieser Phase bitterfotzig. Immer verbittert, und mein Mann hatte recht, wenn er bemerkt hat, dass ich nie zufrieden war. Denn ich war es auch nicht.

Ich merkte natürlich selbst, dass ich irgendetwas ändern musste, und fing deswegen an zu joggen. Ausschlafen ging ja eh nicht, also bin ich vom Bett in die Sportschuhe gefallen und vor meiner Situation davongelaufen. Eineinhalb Stunden nur für mich. Sonne, Wärme, Kälte, Regen. Ich konnte Musik hören (statt Kinderlieder) oder Podcasts und manchmal auch einfach die Ruhe genießen und nachdenken. Einfach da sein und mich spüren. Neunzig Minuten für mich ganz alleine. Irgendwann kam mir die Bemerkung eines Exfreundes in den Kopf, die er einmal gemacht hatte, als er mit einer Freundin über mich sprach: »Ach, Patricia? Zu der hast du noch Kontakt? Schimmelt ihr Geschirr immer noch in ihrem Waschbecken?« Ich blieb stehen. Ja. Ich hatte in meinen Zwanzigern lange Zeit keine Spülmaschine und stellte alles einfach in die Spüle. Manchmal so lange, bis das schmutzige Geschirr schimmelte. Das war eine ganze Zeit lang so. Irgendwann habe ich dann mein Geschirr reduziert. Ein Teller, ein Glas, ein Besteckset. Das musste ich dann abwaschen, wenn ich es benutzen wollte. Problem gelöst. Nur – was war eigentlich zwischen »Patricia ist so nachlässig und kümmert sich nicht um den Haushalt« und »Patricia hat erhöhte Sauberkeitsstandards, die keiner erfüllen kann« passiert?

SYMPTOME LINDERN: WENIGER IST MEHR

Am Anfang hatte ich noch keine Antwort auf die Frage, was da eigentlich bei mir passiert war. Ich wusste zu diesem Zeitpunkt ja noch nicht mal, was mich eigentlich so belastete. Mir war nur eins klar: Ich musste irgendwie mit meiner Dauererschöpfung umgehen. Deswegen erschien es mir logisch, zunächst einmal die tatsächliche Menge der Aufgaben und damit die offensichtliche Belastung (den Load!) irgendwie zu reduzieren. Weil ich damals das Gefühl hatte, bei meinem Mann mit meiner Not nicht durchzukommen, suchte ich mir verschiedene Hebel, die ich ohne ihn bedienen konnte. Die nachfolgenden Abschnitte beschreiben daher erst einmal, wie man die Arbeitsbelastung reduziert. Im darauffolgenden Kapitel befasse ich mich dann mit der Reduktion von Verantwortung. Arbeitslast wegzunehmen, ist nichtsdestotrotz hilfreich. Vor allem dann, wenn man alleine gegen die Überforderung kämpft.

Den eigenen Wert ermitteln

Bedauerlicherweise haben viele Frauen ein Problem mit ihrem Selbstbewusstsein, weil sie ihren eigenen Wert und den Wert ihrer Arbeit nicht kennen. Wer bezahlt arbeiten geht, bekommt schon allein durch das Gehalt ein Mindestmaß an Anerkennung.

Hinzu kommt, dass dem Satz »Ich arbeite als <beliebiger Beruf>« gesellschaftlich immer noch mehr Wert beigemessen wird als der Aussage »Ich bin Mutter«. Das kenne ich von mir selbst. Mir ist es wichtig, sagen zu können: »Ich bin Projektmanagerin.« Meine Elternzeiten waren relativ kurz. In der ersten habe ich nach einem halben Jahr wieder angefangen, im Homeoffice zu arbeiten. Die zweite Elternzeit war aufgrund des Geburtsdatums des Kindes ausgedehnter als gewünscht, denn freie Kitaplätze gibt es immer erst im August, und da muss das Kind dann schon ein Jahr alt sein. Also habe ich vermehrt gebloggt, für Zeitungen geschrieben und Werbekooperationen in meinem Blog gemacht. Mein damaliger Mann hat meine Arbeit als Mutter nie gering geschätzt. Wir haben unsere Einnahmen in einen Topf geworfen, die Festkosten ausgerechnet, sie von den Einnahmen abgezogen und uns das Restgeld zur freien Verfügung auf die eigenen Konten überwiesen. So hatte jede*r sogar noch »Taschengeld« und musste nicht für jedes extra gekaufte Wurstcroissant und jeden Kaffee um Geld bitten. Für mich ist ganz und gar unvorstellbar, dass man es irgendwie anders macht. Deswegen zerreißt es mir jedes Mal das Herz, wenn ich nach einem Vortrag zu Mental Load von Frauen angesprochen werde und Varianten des Folgenden höre: »Ich bin total kaputt. Kurz vor Burn-out, und das habe ich meinem Mann auch schon gesagt. Ich versuche, ihm Mental Load zu erklären und dass ich unsere Aufgabenteilung nicht gerecht finde, aber er schmettert alles ab, weil er ja Vollzeit arbeitet und ich nicht.« Besonders belastet diese Frauen, dass sie für alle Prozesse die Verantwortung tragen. Der Vollzeit arbeitende Mann würde gar nicht einsehen, dass er sich an Haushalt und Kindern beteiligen solle, immerhin arbeite er schließlich den ganzen Tag, die Frau müsse ja nicht arbeiten, da könne sie sich doch um Haushalt und Kinder kümmern. Genau deswegen wäre sie ja zu Hause.

Eigentlich möchte ich in solchen Situationen am liebsten sagen: »Schon mal über Trennung nachgedacht? Ich kann das sehr empfehlen«, aber das ist zynisch, und ich weiß aus eigener Erfahrung, dass es mit dem Trennen nicht so einfach ist, vor allem dann, wenn es Kinder in der Beziehung gibt. Außerdem möchte man sich in der Regel ja nicht trennen, sondern wünscht sich in erster Linie Entlastung.

Manche Männer sagen ihren Frauen sogar: »Ja, Pech, du hast dich damals entschieden, in einem Beruf zu arbeiten, der kaum Geld einbringt, da hast du eigentlich indirekt mit entschieden, dass

ich weiter arbeiten gehe, wenn wir Kinder haben, und du nicht. Alles andere wäre doch unwirtschaftlich …«

Ich möchte an dieser Stelle nicht die Diskussion aufmachen, welche gesellschaftlich sinnvollen Berufe (Krankenschwester, Erzieherin, Tramfahrerin …) schlecht und welche gesellschaftlich irrelevanten Berufe (sogenannte Bullshit Jobs[1]) gut bezahlt werden, sondern empfehle auch hier die Lektüre des Comics *The Mental Load: A Feminist Comic*, in dem Fall das Kapitel »Work«. Mich hat dieses Kapitel sehr nachdenklich gestimmt, denn ich hatte zu dieser Zeit einen gut bezahlten, gesellschaftlich total irrelevanten Job.

Aber zurück zu diesen gut verdienenden Männern, die denken, dass sie aufgrund ihrer Berufstätigkeit von allen Haushalts- und Kinderpflichten befreit seien, denn die Frage kommt wirklich oft. Folgen wir also gedanklich der Ansicht des Mannes: Der Mann arbeitet 40 Stunden bezahlt, und die Frau ist zu Hause. Welche Argumente hat die Frau, von ihrem Mann zu fordern, dass er bezogen auf die Kinder etwas tut? Der erste Denkfehler ist ja, dass der Mann arbeitet und die Frau *nicht*, weil sie zu Hause ist. Doch der tatsächliche Unterschied ist lediglich: Der Mann bekommt ein Gehalt ausgezahlt – die Frau nicht. Es arbeiten aber beide.

Nehmen wir also an, Partner A geht einem Bezahljob nach, und Partner B bleibt zu Hause, um sich um die gemeinsamen Kinder zu kümmern. Aus welchem Grund sollte Partner B mehr arbeiten als Partner A? Wenn der Job von Partner B die Kinderversorgung ist, wieso hat B nach 40 Stunden nicht Feierabend? Und zwar nach gebuchten 40 Stunden.

In meinem Job als Projektleiterin habe ich jede Arbeitsminute auf ein Thema buchen müssen. Kein Mensch erinnert sich am Ende eines Monats rückblickend daran, was er die Woche über für welchen Kunden genau gemacht hat. Um eine Rechnung zu stellen, die dem Kunden transparent aufschlüsselt, was mit seinem Geld angestellt wurde, ist das Mitbuchen unabdingbar.

Ich fände es nur gerecht, wenn Partner, die zu Hause bleiben, genauso vorgehen dürften. Das Baby schreit nachts und muss gewickelt und beruhigt werden – 20 Minuten aufs Konto. Das Kind ist morgens um 5.30 Uhr wach, es will beschäftigt werden und braucht etwas zu essen – all das ist schon Arbeit und wird gebucht. Viermal nachts aufstehen und morgens um 5.30 Uhr macht 80 Minuten für die Nacht, bleiben also noch sechs Stunden und 40 Minuten für den Rest des Tages. Um 12.10 Uhr hat die Frau dann eigentlich Feierabend. Nehmen wir noch eine Stunde Mittagspause dazu, ist rechnerisch um 13.10 Uhr Feierabend. Gehen die Kinder noch nicht in den Kindergarten, macht die Frau ab 13.10 Uhr Überstunden. (Gehen sie in den Kindergarten/Schule, wird natürlich nur streng gebucht, was sonst so rund um die Kinder anfällt! Essen planen, kochen, Küche danach aufräumen, Kinder nachmittags zum Sport bringen, warten, abholen, Kinderarzttermine planen, begleiten, Wäsche waschen, aufhängen, abhängen, falten, wegordnen, Hausaufgaben begleiten, Schulsachen ordentlich halten, Lehrer*innensprechstunde wahrnehmen …) Kommt der Mann um 19 Uhr von der Arbeit, hat sie mehr als sechs Überstunden gemacht. Mit welchem Recht hat der Mann dann Feierabend und die Frau nicht?

Außerdem finde ich, dass in einem Lebensmodell, das sich gleichberechtigt nennt, keine Frau[2] Bittstellerin für Ausgaben sein sollte. Wie bereits geschildert: Gerecht ist es, wenn ich dem Partner, mit dem ich verabredet habe, dass er zu Hause bleibt, die Hälfte meiner Nettoeinnahmen überweise. Bringe ich 3000 Euro netto[3] im Monat nach Hause, überweise ich ihm monatlich 1 500 Euro auf sein Konto. Wir berechnen dann die gemeinsamen Festkosten und teilen diese durch zwei. Jeder Partner überweist dann von seinen hart verdienten 1 500 Euro seine Hälfte (Festkosten/2). Korrekt wäre es darüberhinaus auch, wenn der erwerbstätige Partner dem Partner, der zu Hause ist, eine private Rente aus seinem Anteil zahlen würde (zumindest, wenn man nicht verheiratet ist – für verheiratete Paare gibt es ja den Versorgungsausgleich). Denn seine Rente ist schon weggespart, bevor am Ende die 3 000 Euro rauskommen.

Das mal als Beispielrechnung. Einfach, um ein Gefühl für den Wert der Arbeit des Partners zu bekommen, der wegen der Kinder zu Hause bleibt.

Im Übrigen: Versteht mich nicht falsch. Wenn ihr mit einer anderen Aufteilung zufrieden seid, ist das natürlich völlig in Ordnung. Euer Leben, euer Lebensmodell. Ganz ohne Zynismus hoffe ich, dass das Modell trägt. Leider werden in Deutschland fast 33 Prozent der Ehen geschieden[4], und Armut im Alter ist vor allem ein Frauenthema.

Einige Männer macht es unglaublich wütend, wenn man ihnen das so vorrechnet. Geld ist selbst in Zweierbeziehungen oft ein Tabuthema. Wenn ihr ahnt, dass das bei euch so ist, und den Streit umgehen wollt, rechnet es euch selbst aus. Wie viel verdient ihr jeden Monat eigentlich? Ich hoffe, ihr wisst genau, was euer Mann verdient. »Manche wissen nicht mal, wie viel der eigene Partner verdient«, sagt die Soziologin Ruiner.[5] Wirklich? Wenn ihr das nicht wisst, bringt es in Erfahrung. Dann berechnet euren Teil. Berechnet eure Arbeitszeit. Ihr könnt das Pi mal Daumen machen. Im Büro arbeitet auch niemand nonstop acht Stunden. Man geht auf Toilette, spricht mit Kollegen, grübelt ewig über eine Powerpointfolie oder liest etwas im Intranet. Das dürft ihr zu Hause auch. Wenn ihr streng sein wollt und euer Kind macht zum Beispiel ausgiebig Mittagschlaf, den ihr nutzen könnt, um etwas nur für euch zu machen, dann zieht das von der Arbeitszeit ab. Es bleiben garantiert trotzdem mehr als 40 Wochenstunden übrig. Und begeht dabei nicht den Fehler, zu sagen: Planen, recherchieren, organisieren ist doch gar keine richtige Arbeit. Das würde man so nebenher machen. Zu Recht merkt Miriam Vollmer, Anwältin und Bloggerin hierzu an: »Viele Berufe – und eher nicht die schlecht bezahlten Jobs – bestehen aus nichts anderem. Und wer würde bestreiten, dass diejenigen, die beruflich organisieren, abends zu Recht vollkommen erschossen auf dem Sofa hängen wie unser Freund Sascha? Trotzdem lassen die meisten Paare bei der Verteilung von Arbeit innerfamiliäre Planungs- und Organisationsaufwände vollkommen unberücksichtigt. Komisch. Denn niemand wird wohl ernsthaft glauben, dass es Freizeitvergnügen ist, wenn man einen Ablaufplan für Ostern erstellt oder mit potenziellen Babysittern darüber verhandelt, wann und wie und um wie viel Uhr sie tatsächlich tätig werden.«[6]

Rechnet das also in eure Arbeitszeit ein. Auch wenn ihr eure Pläne abends im Bett macht, während ihr einzuschlafen versucht. Das ist ja der Klassiker. Die unendlichen To-do-Listen beackert man nicht am Schreibtisch, sondern abends, wenn die Kinder im Bett sind und man auf dem Sofa sitzt und eigentlich fernsehen will – oder schlafen.

Wenn ihr also eure Arbeitszeit erfasst habt, versucht, die einzelnen Aufgaben zu clustern, sucht euch im Internet durchschnittliche Stundenlöhne raus und bildet dann eine Summe.

Putzen – 12 Euro
Nachhilfe – 16 Euro (je nach Fachgebiet und Schulklasse)
Kindersitting – 12 Euro (+2 für jedes weitere Kind)
Büro/Orgaarbeiten – 14 Euro
Fahrdienste – 12 Euro
…

Eine schöne Vorlage zum Selbstausrechnen gibt es zum Beispiel im Blog »Any Working Mom«[7]. Die Firma Viking hat das übrigens auch mal durchgerechnet und kommt auf ein Jahresgehalt von 66 539 Euro brutto für den Job »Vollzeitmutter«.[8]

Der Transparenz halber solltet ihr unbedingt alle Arbeitsstunden aufschreiben. Auch die unbezahlten Überstunden. Unbezahlt deswegen, weil ihr, wenn es gut läuft, ja nur die Hälfte vom Nettoeinkommen des Mannes bekommt. Jetzt denkt daran, dass jede*r Arbeitnehmer*in ein Recht auf elf Stunden Ruhezeit hat. Lacht herzlich darüber. Ich hoffe, es geht euch am Ende dieses Abschnitts besser. Es ist für das Thema Mental Load wirklich wichtig, dass ihr euch darüber klar werdet, was alles in eurer Verantwortung liegt und wie viele Stunden ihr in das gemeinsame Projekt Familie einbringt. Persönlich finde ich auch, dass jede Verantwortung in Sachen Kinder schwer wiegt. Jedenfalls schwerer als so mancher Bürojob. Ihr recherchiert, wägt ab, holt Informationen ein und entscheidet dann, und zwar nicht für euch, sondern für ein anderes Lebewesen und dessen Zukunft. Das ist viel Mental Load, den ihr für eine oder mehrere Personen und deren Gedeihen tragt.

Mit der KonMari-Methode To-dos aufräumen

2019 erlebte die Welt einen Marie-Kondo-Hype. Marie Kondo ist eine Japanerin, die mit ihrem Buch *Magic Cleaning: Wie richtiges Aufräumen Ihr Leben verändert* einen Bestseller landete, der in 27 Sprachen übersetzt wurde. Das Buch erklärt, wie man sein Leben ausmistet. Die Methode dazu nennt man, dem Namen der Erfinderin entsprechend: KonMari. Die Netflix-Serie »Aufräumen mit Marie Kondo« zeigt, wie es geht: Zimmer für Zimmer räumt man alles aus den Schränken und wirft es auf einen Haufen. Dann nimmt man jeden Gegenstand in die Hand und fragt: »Does it spark joy?« – Macht es Freude? Lautet die Antwort Nein, kann der Gegenstand weg. Lautet sie Ja, darf man ihn behalten, und er wird nach einem bestimmten Prinzip aufgeräumt. So macht ihr das mit euren schier unendlich langen To-do-Listen im Kopf. Ihr schaut euch jedes To-do an und entscheidet, ob es Freude bereitet oder nicht.

Und so, wie sich die Menschen in der Serie an ihren Gegenständen festhalten, werdet ihr euch in der ersten Runde an euren To-dos festhalten. Wahrscheinlich werden die meisten die Kann-es-weg-Frage mit Nein beantworten. Aber ist das wirklich so? Muss man das WIRKLICH machen? Kann das nicht vielleicht doch weg?

In der Phase meiner größten Überlastung habe ich großzügig Sachen gestrichen. Zum Selbstschutz habe ich versucht, alles wegzulassen, was nicht wirklich nötig war. Keine festen Verabredungen mit Freundinnen, keine Spielplatzdates, keine selbst gebackenen Kuchen, keine Bastelnachmittage mehr. Einige dieser To-dos habe ich schweren Herzens gestrichen. Denn meine Freundin-

nen mag ich schließlich gerne. Aber Entlastung hatte unbedingten Vorrang, und zum Glück kann man Sachen auch wieder anfangen.

Bei anderen To-dos, die man vielleicht nicht streichen kann, sollte man darüber nachdenken, ob sie nicht zumindest ein bisschen abgespeckt werden können. Mal einen Elternabend ausfallen lassen ist nicht dramatisch. Meistens gibt es ein Protokoll, oder man holt sich die Info über eine befreundete Mutter.

Und wenn das To-do wirklich nicht wegkann? Dann kann es vielleicht jemand anders machen. Im Idealfall bereitet es dieser

Person Freude. In einem Haushalt gibt es oft noch weitere Personen – die großen Kinder vielleicht?

Kuchen backen macht mir zum Beispiel keinen Spaß. Mein großes Kind hingegen liebt es, Kuchen zu backen. Also backt in Zukunft das große Kind die Geburtstagskuchen. Wenn es keine Zeit hat, dann kaufe ich Fertigkuchen und dekoriere ihn noch ein bisschen. Fünfzehn statt 90 Minuten Arbeit.

Gibt es vielleicht ganz andere Lösungen? Zum Beispiel beim Rasenmähen? Vielleicht hilft es, einen Mähroboter zu kaufen. Putzen bereitet auch keine Freude? Möglicherweise ist genug Geld da, um eine Putzhilfe zu engagieren? Einkaufen geht einem tierisch auf die Nerven? Vielleicht bringt ein Lieferdienst Erleichterung? Orrrr, muss bügeln wirklich sein? Tatsächlich hilft es oft, die Sachen ordentlich aufzuhängen oder, sofern man einen Trockner hat, die Kleidungsstücke einige Minuten in den Trockner zu werfen, sie dann glatt zu ziehen und auf Wäschebügeln fertig trocknen zu lassen.

Punkte der Liste werden gestrichen, umverteilt, abgeändert. In Workshops sammle ich gerne Livehacks. Also das, was Oma früher schon wusste, um sich die Arbeit zu erleichtern. Es kommen immer lustige Vorschläge zusammen. Manchmal ist es ja auch eine Erleichterung, Dinge mal anders zu machen, als man sie sonst immer macht. Für den Fall, dass dieser Trick noch nicht bekannt ist:

Wie man ein T-Shirt in weniger als zwei Sekunden faltet[9]

Kauft zukünftig zum Beispiel für jedes Familienmitglied ausschließlich Socken in einer bestimmten Farbe. Dann findet man superschnell die Paare. Kauft, wenn die Zeit im Alltag knapp ist, Tiefkühlgemüse statt frisches Gemüse. Das ist schon gewaschen und zerkleinert und hat tatsächlich manchmal sogar mehr Vitamine als das frische. Lasst die Verpackung beim Einkaufen gleich im Laden. Dann müsst ihr weniger Müll zur Tonne schleppen. Euch fallen bestimmt noch weitere Erleichterungen ein.

Mit der CamPatri-Methode Dinge nicht tun

Sofern man etwas an dem Verantwortungsgefüge ändern möchte, glaube ich wirklich, dass man aufhören muss, ALLES zu tun und sich IMMER verantwortlich zu fühlen. Bei der KonMari-Methode streicht ihr Dinge, weil man auf sie verzichten kann. Mit der CamPatri-Methode stellt ihr euch blind und taub und wartet ab, was passiert. Im Idealfall übernimmt sie irgendwann jemand anders.

Fangt bei der Klorolle an. Ich habe lange geglaubt, es gibt zwei Arten von Menschen: die, die ständig leere Rollen gegen volle wechseln (ich meine WTF? Ich mache es andauernd, zu Hause, im Büro, im Restaurant. Was ist da los? Wieso ist die Rolle immer bei mir leer?), und die, deren Klorollen immer voll sind. Dabei ist es eine bewusste Entscheidung, zu welcher Art Mensch man gehört. Durch pure Ignoranz werdet ihr ein Mensch der zweiten Sorte. Wenn euch also eine leere Klorolle begegnet, tauscht sie nicht. Bleibt beharrlich. Ich verspreche: Es wird der Tag kommen, an dem die leere Klorolle gegen eine volle ausgetauscht sein wird (zumindest, wenn ihr nicht alleine die Toilette nutzt). Ihr seid nicht verantwortlich für die Klorolle. Klorollen sind Gemeinschaftsverantwortung. Es ist in Wirklichkeit gar nicht so, dass die Klorolle zufällig immer nur bei euch leer ist. Sie ist bei der oder dem Vorgänger*in leer. Die Person nimmt die Verantwortung aber nicht wahr. Sie gibt sie weiter. Und ihr nehmt sie auf. Das macht ihr jetzt nicht mehr. Ihr gebt sie auch weiter. Aufstand der Klorollen! Und was ihr bei der Klorolle lernt, das wendet ihr auf andere Bereiche an. Ich meine das tatsächlich nur halb lustig.

Die Leserin »T.« schrieb in meinem Blog sinngemäß folgenden Kommentar: »Und dann gab es diese ›lustige‹ Anekdote: Mann guckt in den Kühlschrank und sagt: ›Der Käse ist alle.‹ Ich ging an die Decke und spann eine Rechtfertigungstirade darum, wieso, weshalb, warum. Er wunderte sich und sagte: ›Das war doch nur eine Feststellung. Ich erwarte nicht, dass du für die Befüllung des Kühlschrankes zuständig bist.‹ Ich fing an, mich selbst mehr zu reflektieren, was ich in Sachen Haushalt, Kinder alles so bedachte, automatisch machte und wofür ich mich zuständig fühlte. Und das war eine ganze Menge. Wenn ich die Sachen nicht selbst machte, fühlte ich mich immer noch für die Organisation und Delegation von Aufgaben verantwortlich. Ich ging auch ständig mit diesem ›Scanblick‹ durch die Wohnung: Ah, Waschmittel geht zur Neige … zack, auf die Einkaufsliste im Kopf. Ah da, dicke Staubflusen … zack, auf die interne Aufgabenliste. Ich machte das so automatisch, dass ich ’ne ganze Weile brauchte, mich selbst dabei wahrzunehmen. […]«[10]

Schüttelt diese Automatismen ab! Niemand auf dieser Welt ist per se für den Austausch von Klorollen verantwortlich oder dafür, dass der Käse nie ausgeht. Wir müssen umlernen, uns nicht immer zuständig zu fühlen. Manchmal wird es Proteste geben, weil

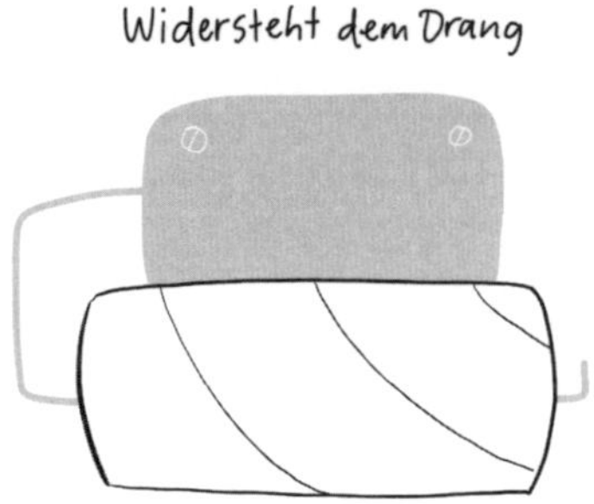

wir etwas nicht mehr machen, das wir doch sonst immer gemacht haben. Das ist eigentlich gut. Denn was immer selbstverständlich war, wird plötzlich gesehen und damit auch wertgeschätzt. In einigen Fällen werden vielleicht andere die nicht gemachten Sachen übernehmen. Da heißt es jetzt aushalten lernen, denn nicht immer werden sie es so machen wie ihr.

Am schwierigsten ist es wahrscheinlich auszuhalten, wenn die nicht gemachten Sachen am Ende von niemandem übernommen

werden. Das kann richtig wehtun, denn man merkt plötzlich, dass man vielleicht jahrelang Energie in etwas investiert hat, das niemand sonst in der Familie braucht. Das ist wie der Moment, als mein Kind nach jahrelangem abendlichem Singen eines Tages verkündete: »Heute Abend musst du nicht singen, Mama.« Da musste ich richtig schlucken. Ich werde nicht mehr gebraucht, war der erste Reflex. Aber nach einigen Tagen konnte ich es annehmen. Nur, weil ich jetzt abends nicht mehr singen soll, heißt es nicht, dass die Jahre davor nicht wertgeschätzt wurden. Es heißt auch nicht, dass ich es nicht gut gemacht habe. Es heißt lediglich, dass es jetzt nicht mehr nötig ist. Lasst diese Dinge ohne Groll los, und seht es pragmatisch: Eine Aufgabe weniger, ein bisschen Zeit gewonnen.

Nach dem Warum fragen

Einen tollen Text über ständige (Selbst-)Optimierung habe ich im Blog »Digitale Tanzformation« von Robert Franken gelesen.[11] Darin stellt er fest, dass wir die falschen Fragen stellen, denn wir fragen uns immer, »was und auf welche Weise« statt »warum«. Diesen Gedanken fand ich regelrecht erleuchtend. Denn auch ich habe einen großen Optimierfimmel und neige dazu, mir jedes Mal, wenn ich etwas optimiert habe und dadurch Zeit gewinne, eine neue Aufgabe auf die Liste zu packen, um dann erneut zu überlegen: »Wie mache ich es besser? Wie kann ich optimieren?«

Wie doof das ist! Wenn schon optimieren und Zeit gewinnen, dann bitte, bitte nicht neu auffüllen! Gewonnene Zeit sollten wir immer zur Entspannung nutzen, zum Durchatmen. Lasst uns in dieser Zeit unbedingt wichtige Dinge tun wie auf dem Balkon sitzen und den Bienen beim Rumfliegen zuschauen oder ein Bad nehmen und dabei an die Decke starren.

Tatsächlich ist die Frage nach dem Warum eine ganz zentrale Frage. Ich will es an einem Beispiel zeigen. Mir ist Folgendes aufgefallen: Je kleiner die Kinder sind, desto pompöser sind die Geburtstagsfeiern. Es werden dreistöckige Regenbogentorten gebacken, der Tisch wird perfekt dekoriert, es werden Mitgebsel ausgesucht und zusammengepackt und sieben Kleinkinder auf die Party geladen. In meinen Workshops höre ich das vor allem von Männern: »Warum macht sich meine Frau diesen unnötigen Stress?«

Ja, warum? Das frage ich mich nach drei Kindern und 15 Jahren Geburtstagspartys ausrichten auch. Denn ich habe das auch gemacht. Jetzt schaue ich auf meine Freundinnen, die das auch machen, und denke: Leute, warum tun wir uns das an?

Durch den Artikel von Robert Franken habe ich es verstanden. Wir machen das nämlich gar nicht für die Kinder. Das ist in der Tat völlig sinnlos. Dem Kleinkind ist die Torte egal. Dem Kleinkind ist egal, ob die Serviette zur Kerze und zu den Tellern passt. Wir machen das für uns. Wir machen das, weil der ganze fucking Mental Load, die Aufgaben, die Strapazen der Baby- und Kleinkinderzeit endlich einmal gelobt und gehuldigt werden müssen. Aber niemand huldigt uns. Niemand feiert uns. Deswegen feiern wir uns selbst. Nur dass das gesellschaftlich total verpönt ist. Welche Mutter darf sich offen feiern? Sie macht doch 365 Tage im Jahr, 24 Stunden am Tag nur das, wofür sie geboren wurde, was ihre natürliche Bestimmung ist. Natürlich kann sie sich am Geburtstag des Kindes nicht hinstellen, eine Flasche Sekt aufmachen, sich eine Sahnetorte bestellen und rufen: »Hier, ihr Nasen. Feiert mich! Wenigstens heute. Am Tag der Geburt meines Kindes. Der Tag, an dem ich das Recht verlor, in Ruhe aufs Klo zu gehen. Der Tag, an dem ich zum Klettergerüst wurde. Tag 730, an dem ich nicht mehr fünf Stunden am Stück durchgeschlafen habe!«

Das macht man nicht. Deswegen projiziert man den Wunsch auf das Kind und richtet dem Kind eine Feier aus, als gäbe es kein Morgen mehr. Und die Männer schauen schulterzuckend zu und denken sich: Warum?

Weil man einmal richtig feiern möchte, weil man einmal irgendetwas Cooles machen will, was nicht ohnehin Pflichtprogramm ist, einmal etwas, bei dem man mit Spaß und Vorfreude an einem Ergebnis arbeiten kann, das alle beklatschen. Irgendeine megageniale Torte, die auf Instagram Dutzende von Likes bekommt. Stellvertretende Anerkennung, weil es keine gesellschaftliche Konvention gibt, nach der sich Mütter gegenseitig feiern.

Vielleicht ist das nicht bei allen Müttern so, aber den Leserinnen, die etwas mit diesen Gedanken anfangen können, empfehle ich: Die nächste Feier feiert ihr wirklich für euch. Das Kind wird geherzt, bekommt sein Geburtstagsgeschenk, aber ihr erstellt fürs Kleinkind keine Agenda mit Beschäftigungen, sondern lasst die (kleine) Geburtstagsgesellschaft einfach spielen, ihr kauft keine Mitgebsel, sondern bestellt euch (sofern es das Budget hergibt) eine Torte oder kauft eine tiefgekühlte (es gibt wirklich sehr, sehr leckere), kauft eine Flasche Sekt und ladet eure Freundinnen ein. Dann macht ihr es euch gemütlich und feiert euch. Denn ja, verdammt, die ersten Jahre mit Kind sind superanstrengend, und ihr habt gerade wieder eins abgeschlossen. Und schaut mal auf euer Kind: Wie toll das ist! Das habt ihr gut hinbekommen!

Und das, was ihr am Kindergeburtstag macht, lässt sich auf ganz viele andere Themenfelder übertragen. Fragt immer erst einmal nach dem Warum. Warum schleppe ich mein Kind zur musikalischen Früherziehung? Warum muss selbst ein Kleinkind immer saubere Klamotten anhaben? Warum drapiere ich auf Sofa und Ehebett Zierkissen?

Manchmal sind die aufwendige Torte, das selbst gemachte Geschenk, das verplante Wochenende auch eine Art Flucht vor den lästigen und drögen Alltagspflichten. Es lohnt, darüber nachzudenken.

Ich war jahrelang auf der Flucht. Aber seitdem ich wie das Känguru von Marc-Uwe Kling auf meinem Bett sitze und regelmäßig Not-to-do-Listen pflege, muss ich auch nicht mehr flüchten. Ich beschäftige mich nicht wie ein Optimierungsautomat mit dem Was und Wie, sondern denke über das Warum nach.

Tiefenentspannt durch resignative Reife

Mental Load reduzieren geht nicht ohne ständiges Verhandeln und Miteinander-Sprechen. So viel kann ich an dieser Stelle schon verraten. Wer darauf keine Lust hat oder wem das zu anstrengend ist, der kann auch daran arbeiten, resignative Reife zu entwickeln. Das klingt zynisch, ist aber ganz und gar nicht so gemeint. Aus der Kindererziehung kenne ich einen ähnlichen Zustand.

Um entspannter zu werden, habe ich hart daran gearbeitet, zu gesignieren. Das ist ein tolles Wort: Gesignation. Es setzt sich aus *Ge*lassenheit und Re*signation* zusammen und kommt von Caspar Clemens Mierau aus unserem gemeinsamen Podcast »Mit Kindern leben«[12]. Bestimmte Dinge sind mit Kindern eben so. Ich weiß nicht, wie hart, konsequent oder streng ich sein müsste, aber meine Kinder putzen zum Beispiel eher selten vor dem Waschbecken stehend im Badezimmer die Zähne. Sie hampeln durchs Badezimmer, manchmal durch die ganze Wohnung. Die ersten drei Jahre stand ich am Waschbecken neben meinen Kindern und habe lustige Zahnputzlieder gesungen:

»Hei, dei, das – Putzen, das macht Spaß.
Auf und ab und hin und her,
links und rechts und kreuz und quer.
Hei, dei, das – Putzen, das macht Spaß.
Hei, dei, das – Putzen, das macht Spaß.«

Hat nicht geholfen. Die nächsten drei Jahre stand ich in der Badezimmertür und habe gerufen: »Vors Waschbecken! Zahnbürste auch hin- und herbewegen! Nicht lesen! Kauflächen! Vorne nicht vergessen.«

Und irgendwann fiel mir auf, dass mich eigentlich am meisten nervt, dass ich diesen Quatsch Tag für Tag sagen muss. Ja, Zähneputzen ist wichtig, aber sollen sie halt im Flur putzen oder sich kopfüber vom Bett hängen lassen. Solange sie putzen, ist alles gut. Ich entwickelte Gesignation. Tatsächlich tut das meiner Seele gut. Wenigstens bin ich nicht mehr die Schallplatte, die einen Sprung hat. Denn natürlich wiederhole ich mich als Mutter nicht nur beim Zähneputzen ständig. Es gibt ungefähr hundert weitere Themen, die ich immer und immer und immer wieder sagen muss. Ich habe mich dann irgendwann gefragt, ob es vielleicht einfach zu viel von meinen Kindern verlangt ist und es zum Beispiel etwas mit dem Entwicklungsstand zu tun hat, auf welche Art man Zähne putzt. Ein Kleinkind lernt auch nicht schneller laufen, wenn ich ständig sage: »Komm, lauf! Auf zwei Beinen! Nicht krabbeln! Auch nicht auf Knien.« Es läuft, wenn der motorische Apparat bereit ist und das Kind laufen will, weil es sich als vorteilhafter erweist, als weiter zu krabbeln.

Bei meinen Kindern fällt es mir zunehmend leichter, diese resignative Reife zu entwickeln. Ich kann mich kognitiv gut regulieren. Wenn mein Teenagerkind unser Bad leicht verwüstet, weil es darin mir unbekannte Dinge tut, die für die Pubertät gerade relevant zu sein scheinen, wäge ich immer öfter ab, ob ich etwas sage oder nicht. Vielleicht braucht mein Kind gerade seine Kapazitäten, um sich auszuprobieren, zu experimentieren und mit den eigenen emotionalen Höhen und Tiefen umzugehen. Habe ich Kraft, sage ich nichts und räume selbst auf, hab ich keine, lasse ich das Chaos, und manchmal sage ich auch: »Lena, bitte einmal Verwüstung beseitigen!«

Auch in Bezug auf den Partner kann man diese resignative Reife entwickeln. Sucht man diesen Begriff in Suchmaschinen, so zeigt sich: Resignative Reife wird sogar als »Geheimnis für Langzeit-Paare« gehandelt. Auf einer Seite für systemische Paartherapie wird resignative Reife wie folgt beschrieben: »Langzeit-Paare haben die Reife, nicht nach stetiger Veränderung zu streben. […] Wer ändern will, was er nicht ändern kann, ist von vornherein zum Scheitern verurteilt und landet statt in einem Märchen in einer Spalte der Scheidungsstatistik. Die Akzeptanz des anderen inklusive seiner störenden Angewohnheiten ist mitunter der einzige Schlüssel, der die Tür zum gemeinsamen Glück öffnen kann.«[13]

Deswegen: War euer Partner schon immer so und hat euch in der Familienarbeit nicht unterstützt, ist das vielleicht auch okay. Es ist alles eine Frage der Prioritäten. Bestimmt gibt es andere Qualitäten, die euer Partner hat. Schreibt euch die für schwierige Zeiten auf und schaut auf den Zettel. Sagt euch das Gelassenheitsgebet des US-amerikanischen Theologen Reinhold Niebuhr auf. (Man kann das »Gott« auch gut weglassen.)

»[Gott,] Gib mir die Gelassenheit, Dinge hinzunehmen, die ich nicht ändern kann, den Mut, Dinge zu ändern, die ich ändern kann, und die Weisheit, das eine vom anderen zu unterscheiden.«[14]

Perfektionismus ade!

Ich ließ zu, dass das Perfekte zum Feind des Guten wurde.

Jean-Luc Picard

Es bringt eine große Erleichterung, dem Perfektionismus abzuschwören. Mit Kindern kann man sich den ohnehin abschminken. Mindestens dann, wenn man mehr als ein Kind hat und zusätzlich erwerbsarbeiten geht. Den eigenen absurden Ansprüchen und auch den Ansprüchen, die Kindergarten und Schule an einen herantragen, kann man nicht entsprechen. Egal, wie man sich abstrampelt. Es geht einfach nicht. Fertig. Man muss pragmatisch und in »quick and dirty«-Lösungen denken. Gemacht wird, was hilft. Statt meine Energie in Perfektionismus zu versenken, reichten mir irgendwann auch die Gut-genug-Lösungen. Und ich habe immer eher gemacht, was ICH richtig fand und was auch mit meinen Bedürfnissen vereinbar war. Ich empfehle dringend, den Perfektionismus in eine Ausstellungsvitrine zu stecken, denn das entspannt ungemein. Wir müssen nicht die perfekten Mütter sein. Wir brauchen keinen perfekten Haushalt. Weg mit den Kunstwelten auf Instagram und Pinterest.

Legt die Messlatte tiefer, nicht höher. Steckt euch realistische Ziele. Mit neugeborenem Geschwisterkind dürft ihr diejenigen sein, die Brezeln vom Bäcker zum Sommerfest mitbringen. Ihr müsst keine Wurst-Käse-Tomaten-Spieße mehr basteln. Wer die ganze Woche krank war, darf einfach auch mal kacke aussehen. Wer kaum schläft, darf ungeduldig sein. Gestattet euch sogar das Scheitern. Wir wollen alle ausgeglichene Mütter sein, die nicht rumschreien. Aber manchmal klappt es nicht. Wir sind ungeduldig, vergessen Dinge oder fühlen uns zu erschöpft, um aufmerksam zu sein.

Aber dann kommt eben ein neuer Tag, und wir können es wieder versuchen – nur eben nicht auf dem völlig überzogenen, nie zu erreichenden Idealniveau, sondern mit der Erlaubnis, auch mal zu scheitern.

Diese Weichherzigkeit mir selbst gegenüber hatte einen tollen Nebeneffekt: Ich habe plötzlich die anderen verstanden, die morgens beim Anziehen der Kinder für zehn Minuten den Fernseher

angemacht haben, um sie abzulenken – einfach, um sich 45 Minuten Geschrei zu ersparen. Obwohl ich einige Monate davor noch mit hochgezogenen Augenbrauen zugehört hatte, als eine Freundin mir von dieser Vorgehensweise erzählt hat. (Und tatsächlich: Mehr als ein Jahrzehnt später zieht sich das betroffene Kind ohne Fernsehen um 7.30 Uhr an, geht auf eine weiterführende Schule und ist nicht fernsehsüchtig.)

Es ist auch ein Teil des Mental Loads, immer den Vorstellungen anderer entsprechen zu wollen. Überall Kritik und Schuld zu sehen. Es fühlte sich damals fast überlebenswichtig für mich an, immer alles perfekt zu machen und im Plan zu bleiben. Mit zwei Kindern habe ich das auch wirklich hinbekommen, mit drei Kindern allerdings nicht mehr, sodass ich zwangsweise lernen musste, mein Aufgaben- und Verantwortungspensum zu reduzieren. Ich habe mich deswegen nur noch an einigen wenigen Regeln festgehalten: *Was uns guttut, ist gut*[15] sowie *Beziehung und Vertrauen ge-*

hen vor. Ich sagte mir immer wieder: »Jetzt ist nicht die Zeit, zu erwarten, dass es nicht ständig Wäscheberge gibt oder die Zimmer (vor allem die der Kinder) aufgeräumt sind.« Ich stieg also über besagte Wäscheberge, ignorierte unaufgeräumte Kinderzimmer, akzeptierte Pommes als gesundes Gemüse, nahm Serienschauen im Bett als Entspannung wahr und lobpries Fertigkekse aus der Bäckerei als meinen persönlichen Beitrag für den Weihnachtsbasar. Das ist nämlich der wahre Hebel! Es geht nicht darum, sich mit dem Chaos und dem Unperfekten lediglich abzufinden oder es auszuhalten! Denn das bedeutet, dass wir den hundertprozentigen Zustand, die Welt des Perfekten, weiterhin als gesellschaftlichen Standard akzeptieren. Das Unperfekte ist der neue Standard.

Bei mir bleiben ...

Meine Lektion war: Energie ist endlich (das hätte ich auch schon aus dem Physikunterricht wissen können). Energie ist eine Torte. Ich kann acht oder 16 Stücke rausschneiden, größer macht das die Torte nicht, und am Ende ist die Torte weg. Für einen Job und ein Kind hat meine Energie leicht gereicht, für zwei auch noch, beim dritten war dann Schluss.

Wichtig war für mich auch, zu erkennen, dass Menschen unterschiedlich große Torten haben. Manche haben große, manche mittlere und manche riesige. Es steht mir nicht zu, anderer Menschen Lösungen zu bewerten oder von meinem Energieniveau auf das anderer Menschen zu schließen. Manche sind mit einem Kind schon ausgelastet, andere mit vieren nicht. Manche wollen auch mit Kindern Vollzeit arbeiten, andere nicht.

… ohne anderen Druck zu machen

Ich musste erst einen Weg aus meiner Überforderung heraus finden, um das zu verstehen. Meine Verbitterung über meine Lebensumstände hatte mich hart werden lassen. Hart mir gegenüber, aber auch hart anderen gegenüber. Ich hatte einen ekeligen Reflex, die Frauen abzuwerten, die bestimmte Dinge nicht schafften oder die sich öffentlich beschwerten. Wahrscheinlich, weil es mir unterbewusst signalisierte, dass ich auch an so eine Grenze kommen könnte und dass dann mein fragiles Kartenhausgebilde zusammenbrechen würde. Und die, die sich beschwerten, zeigten mir ja, dass es vielleicht einen Anspruch auf Gleichbehandlung gab und ich lediglich zu schwach oder zu wenig durchsetzungsstark war, mir diesen zu erkämpfen. In dem Moment war es für mich einfach wichtig, dass alles lief. Da konnte ich nur schlecht ertragen, dass andere deutlich machten, dass es so nicht weitergehen konnte.

Indem ich nicht mehr alles und nicht alles perfekt machen wollte, ging es mir nach einer Weile jedenfalls besser. Ich wollte mich nicht mehr am Alexanderplatz auf den Boden legen. Aber ich schlief weiterhin fast jeden Tag um 20 Uhr ein. Es dauerte also, bis ich erkannte: Man kann Aufgaben insgesamt reduzieren, priorisieren, vereinfachen, komplett streichen und spart so Energie. Nur ist das keine Dauerlösung. Es entlastet, verschiebt aber am Ende nicht den Mental Load. Denn so reduzierte ich zwar die To-dos, die Hauptverantwortung für alle Prozesse in der Familie blieb aber weiterhin bei mir. Irgendwie dokterte ich so an den Symptomen herum, erreichte auch eine gewisse Entlastung, aber das eigentliche Problem war damit noch nicht angetastet.

Manchen reicht das vielleicht für ein gutes Leben. Denn einige Frauen tragen das Prädikat »Familienmanagerin« stolz mit sich herum. Ich hingegen wollte gar nicht die alleinige Familienmanagerin sein. Aus meinem Erwerbsjob wusste ich, dass es gar nicht sinnvoll ist, wenn nur eine Person die Verantwortung trägt. Man kann dann nicht in den Urlaub fahren, nicht in Elternzeit gehen, und ungeplant krank werden geht auch nicht. Fällt diese eine Person aus, geht dem Unternehmen Geld verloren, und die Kunden werden unzufrieden, weil bestimmte Themen liegen bleiben. Und wenn die Person aus dem Unternehmen ausscheidet, weiß keiner Bescheid.

Ich arbeitete damals bei einem IT-Dienstleister und war eine von vier Projektleiter*innen. Das Unternehmen musste sicherstellen, dass wir uns gegenseitig vertreten konnten. Das war für alle Beteiligten eine große Erleichterung. Während wir also bei meinem Arbeitgeber an Konzepten arbeiteten, wie wir Verantwortung teilen und wichtige Informationen für alle Projektbeteiligten schnell und einfach verfügbar machen könnten, fiel es mir irgendwann wie Schuppen von den Augen: Auch privat *wollte* ich nicht alleine verantwortlich sein, und ich wollte auch gar nicht, dass alle von mir abhängig sind.

Wie war das mit dem Haushalt und den Kindern eigentlich auf mich übergegangen? Und wie könnte ich jetzt, da die Verantwortung hauptsächlich bei mir war, sie wieder loswerden? Zumindest zur Hälfte, weil sachlich gab es doch keinen Grund, dass ich alleine für den Familienhaushalt zuständig war, oder? Und für die gemeinsamen Kinder doch noch weniger? Hatten wir nicht extra vor der Geburt (wir waren damals noch unverheiratet) gemeinsames Sorgerecht beantragt? Was bedeutet gemeinsames Sorgerecht eigentlich? Das gemeinsame Sorgerecht besagt: »Beide Elternteile haben dabei das Recht, gleichberechtigt über alle wichtigen Aspekte, die das Kind betreffen, zu entscheiden.«[16]

Aber waren damit eigentlich nicht auch Pflichten verbunden? Sorgepflichten? Die entsprechenden Passagen sind im Bürgerlichen Gesetzbuch unter § 1631 zu finden. Unter anderem ergibt sich daraus die Pflicht, das Kind zu pflegen, zu erziehen und zu beaufsichtigen.[17] Sich also um Ernährung, Hygiene und Gesundheit zu kümmern. Und plötzlich purzeln all die elterlichen Alltagsaufgaben aus dem BGB: Man hat die Pflicht, für regelmäßige Mahlzeiten zu sorgen, das Kind regelmäßig zu waschen, fürs Zähneputzen zu sorgen, es zu ärztlichen Vorsorgeuntersuchungen zu bringen und so weiter.

Lagen diese Verpflichtungen somit nicht eigentlich per Definition zu gleichen Teilen bei beiden Elternteilen? Oder fielen mir diese Pflichten alle zu, weil ich damals im Gegensatz zu meinem Mann nur 30 und nicht 40 Stunden in der Woche arbeitete?

Warum es letztendlich zu dem Ungleichgewicht gekommen ist, kann ich gar nicht mehr nachvollziehen. Festzuhalten bleibt: Wir haben das nie gemeinsam entschieden, es hat sich einfach eingeschlichen und dann festgefahren. Unsere (westdeutsche) Sozialisation hat uns wahrscheinlich dorthin gebracht. Ich bin, ohne das vorher auszusprechen, einfach davon ausgegangen, dass ich den Großteil der Elternzeit übernehme, dass ich Stunden reduziere, und mein Mann hat sich im Gegenzug verpflichtet gefühlt, ausreichend Geld ranzuschaffen und bei seinem Arbeitgeber durchzusetzen, dass er zwei Monate Elternzeit nehmen und einen Tag pro Woche früher gehen kann, um seine Kinder vom Kindergarten abzuholen.

Doch erst mit dem Jobeinstieg nach dem dritten Kind stellte ich fest, dass der Plan so nicht aufging. Mit zwei Kindern war mir das noch nicht aufgefallen. Da hatte ich definitiv genug Elan, um 30 Stunden zu arbeiten und mich um den Haushalt und zwei Kinder zu kümmern. Nur mit dreien eben nicht. Und was soll man da machen? Das dritte Kind abgeben: »Upsi, sorry. Du bist zwar supersüß, aber, na ja, ist jetzt doch zu viel Arbeit.« Das ist ja keine Option.

Den Financial Load teilen

Frauen können ihre Verhandlungsbasis stärken

Um es noch einmal zu betonen: Es gibt keine absolut richtigen oder objektiv besseren Lebensmodelle. Wer zufrieden ist mit dem, wie es läuft, der überspringt einfach die entsprechenden Passagen. Was ich bezogen auf die Erwerbsarbeit schildere, ist lediglich ein Idealzustand für das Modell der gleichberechtigten Partnerschaft, das möglichst optimale Bedingungen schafft, um sich wirklich alles zu teilen. Wenn ein Mann sich mehr in das Familienleben einbringen soll, muss Platz dafür geschaffen werden. Er braucht dafür Zeit, und die Familie benötigt weiterhin Geld.

Deswegen ist es in diesem Rahmen sinnvoll, dass auch die Frau erwerbstätig ist. Rein rechnerisch ist es ohnehin sinnvoll für Frauen, ein eigenes Einkommen zu generieren. Nicht umsonst ist die derzeitige Rentensituation von Frauen so dramatisch schlecht. Im *Tagesspiegel* vom November 2019 ist nachzulesen: »Frauen erhalten in Deutschland im Durchschnitt 46 Prozent weniger Rente als Männer. Im Ranking der Industrieländer bedeutet das den letzten Platz.«[18] Von Altersarmut sind vor allem Frauen betroffen.

Ulrich Schneider, Hauptgeschäftsführer des Paritätischen Gesamtverbandes, sieht die Gründe vor allem darin, dass »Frauen […] schlechter abgesichert [sind], die Witwenrente […] nicht die volle Rente [ist], die der Ehemann bekommen hätte, und Frauen […] älter [werden] als Männer.«[19] Eine Rolle spielen auch ausgedehnte Baby- und Erziehungspausen. Deswegen ist die Armutsquote bei Rentnerinnen in Westdeutschland höher (16,9 Prozent) als in Ostdeutschland (13,4 Prozent), wo Frauen nach der Geburt früher wieder ins Arbeitsleben zurückkehren.

Was das in Euro bedeutet, kann man unter anderem bei der Bloggerin und Autorin Christine Finke nachlesen, die im Herbst 2019 ihren Rentenbescheid in Höhe von 577 Euro pro Monat auf Twitter teilte und als Reaktion darauf viele Fotos von anderen Rentenbescheiden erhielt.

Das Magazin *Watson* schreibt dazu: »Die [Zahlen werden durch das Bundesministerium für Arbeit und Soziales belegt]. Frauen bekamen im Jahr 2018 gut 700 Euro, Männer immerhin knapp 1200 Euro Rente im Schnitt.«[20]

Erwerbsarbeiten zu gehen, nicht zu lange in Elternzeit zu bleiben, an einer guten Gehaltsentwicklung zu arbeiten, sichert aber nicht nur die finanzielle Situation der Frau selbst ab, es hilft auch der Familie und entlastet den Mann. Was ich später zum Thema »Eine Vertreter-Regelung schaffen« im Kontext der Familienarbeit schreibe, gilt auch hier: Wenn die Frau Geld verdient, kann der Mann als Arbeitskraft ausfallen, ohne dass das eine finanzielle Katastrophe für die Familie darstellt.

Mir persönlich war und ist es sehr wichtig, finanziell unabhängig zu sein. Ich bin mit 13 Jahren das erste Mal jobben gegangen und musste ab 17 regelmäßig arbeiten gehen, weil ich vor die Tür gesetzt wurde. Von meinem Vater habe ich einige Hundert Mark Unterhalt bekommen, die hinten und vorne nicht gereicht haben. Ich habe also neben dem Studium immer rund 20 Stunden in der Woche gearbeitet. Ich war gleichzeitig sehr auf meine Noten fixiert, denn ich wollte nach der Schule an keinem Numerus clausus scheitern. Als ich mir nach dem Studium schließlich einen Job gesucht habe, habe ich mir ein Feld ausgesucht, in dem man perspektivisch gut verdient (und nicht so sehr einen Bereich, der meinen Leidenschaften und Talenten entsprach).[21] Mit 28 habe ich angefangen, in meine private Rentenvorsorge einzuzahlen, und mich später für eine relativ kurze Elternzeit entschieden. Mein Gehalt sollte immer reichen, um mich und meine Familie zu ernähren. Das war glasklar – zumal es zu dem Zeitpunkt, als ich schwanger wurde, noch kein Elterngeld gab.[22]

Ich glaube, am Ende hat mir das eine gute Verhandlungsbasis geschaffen, um auch im Privaten auf das Teilen zu bestehen.

Auch Männer können abgeben lernen

Für Männer heißt es an dieser Stelle eben auch abgeben und – oh, Wunder – plötzlich ist das Abgeben gar nicht so leicht. Eigentlich liegt es ja auf der Hand, was passieren muss: Viele Männer sind für wesentliche Teile des Familieneinkommens zuständig. In 28 Prozent aller Ehen ist der Mann Alleinverdiener, in 45 Prozent verdienen die Frauen mit, aber davon machen 11 Prozent geringfügige Tätigkeiten aus.[23]

Für das faire Aufteilen von Familienarbeit und Mental Load wäre es naheliegend, sich den Aufwand für die Erwerbsarbeit auch gerecht zu teilen. Es arbeiten aber nur 12 Prozent der Paare beide Vollzeit, und in noch weniger Fällen, nämlich in 5 Prozent, arbeiten beide Teilzeit. Letzteres wäre ja eigentlich das naheliegende Modell, denn dann fließt gleichermaßen Geld, und es bleibt noch Zeit für Familie und Haushalt.

Offensichtlich tun sich aber sehr viele Männer schwer damit, von der Idee abzulassen, dass sie nicht das komplette Geld mit nach Hause bringen. Ihr Bild von Männlichkeit scheint sehr geprägt von der Idee, der (alleinige) Familienversorger zu sein. Auch Ansehen und Anerkennung gibt es natürlich mehr für Erwerbstätigkeit als für den Job eines Familienvaters.

Das kenne ich aus meiner Beziehung auch. Die ewige Diskussion darüber, wie man ein Arbeitsmodell finden könnte, das leichter zulässt, dass der Partner sich in den eigenen vier Wänden mit einbringt. Rein finanziell waren wir absolut nicht auf die Vollzeittätigkeit meines Mannes angewiesen. Hätten wir beide 30 Stunden zeitversetzt gearbeitet, hätte unser Einkommen locker gereicht. Doch immer, wenn ich darum bat, dass er Stunden reduziert, erklärte er mir, dass das nicht möglich sei. Der Arbeitgeber sähe das nicht so gerne. (So wie der Arbeitgeber angeblich[24] auch nicht wollte, dass mehr als die zwei üblichen Partnermonate in der Elternzeit genommen werden.) Ich bin an der Stelle wenig verständnisvoll. Denn natürlich freut sich kein Arbeitgeber, wenn Eltern Elternzeit einreichen oder nach Teilzeit fragen. Auch mein sehr fairer und familienfreundlicher Arbeitgeber hat damals nicht gesagt: »Hey, klasse, Patricia! Du bist schwanger? Wir können es kaum erwarten, dass du als Arbeitskraft ausfällst!« oder »Dreißig Stunden die Woche? Na klar. Fehlen uns halt zehn für die Vollzeitstelle. Für diese Lücke findet man zwar niemanden, aber was soll's …«

Solche Dialoge zwischen Arbeitgeber und Angestellten gibt es nicht. Auch nicht bei Frauen. Das ist lediglich eine Männerfantasie. Es verlangt schon etwas Verhandlungsgeschick, Einfühlungsvermögen und Einsatz, bestimmte Bedingungen durchzusetzen. Und Frauen kämpfen ihr Recht auf Familie in der Regel eben durch. Sie ertragen es, bei ihrer Karriere zurückzustecken, oder sie suchen sie sich einen neuen, familienfreundlicheren Arbeitgeber. Sie sagen nach der Geburt eines Kindes aber nicht: »Ja, sorry, Schatz, aber mein Arbeitgeber findet es nicht gut, wenn ich in Elternzeit gehe.«

Wie hilfreich für alle wäre es, wenn Väter sich das Recht auf Familienbeteiligung auch öfter erkämpfen würden. Deswegen wäre es strategisch schlau, wenn Frauen und Männer sich in der Arbeitswelt verbünden und gemeinsam für die Rahmenbedingungen kämpfen, die Vereinbarkeit möglich machen: Teilzeit, flexible Arbeitszeiten, Stundenkonten, Homeoffice, eine gute Infrastruktur, eine gute Dokumentation, Transparenz in Sachen Erreichbarkeit, Disziplin in der Meetingkultur, keine Meetings und wichtigen Termine vor 10 und nach 16 Uhr etc.

Ich weiß, dass ich hier vor allem von Bürojobs spreche. Viele Jobs erlauben vieles gar nicht erst. Das ist klar. (Überhaupt ist in vielen Familien die Einkommenssituation gar nicht so, dass man überhaupt darüber sprechen müsste, ob die Frau arbeiten geht oder nicht … sie muss einfach.) Aber da, wo es theoretisch geht, sollten wir uns zusammentun, um für eine verbesserte Vereinbarkeit zu kämpfen.

Am Ende begreifen das übrigens auch viele Arbeitgeber. Vor allem da, wo großer Fachkräftemangel herrscht. Konzepte, die Familie und Job besser miteinander vereinbar machen, sind in den technisch geprägten Branchen immer verbreiteter. Schon vor Jahren war irgendwann klar: Das Gehalt alleine ist nicht der Hebel, warum sich qualifizierte Leute für den einen oder anderen Arbeitgeber entscheiden.

Hewlett Packard Enterprise zum Beispiel reagierte 2019 auf den Fachkräftemangel, indem es Müttern und Vätern bei Geburt oder Adoption eines Kindes eine sechsmonatige Elternzeit bei voller Bezahlung anbietet. Auch SAP ist hier zukunftsweisend in den Rahmenbedingungen für seine Mitarbeiter*innen: »[Die rund 21 000 Mitarbeiter in Deutschland können] fast gänzlich frei entscheiden, wann sie von wo arbeiten. […] Außerdem hat das Unternehmen Krippen- und Kindergartenplätze, Eltern-Kind-Büros und Sonderzahlungen nach der Geburt eines Kindes im Angebot. Ein SAP-Sprecher sagt, die Rückkehrquote der Eltern nach der Elternzeit betrage 100 Prozent.«[25]

Also: Männer in diesen Branchen haben jede Möglichkeit, im Job etwas kürzerzutreten und ihre Partnerinnen gleichzeitig zu motivieren, einen Teil des Financial Loads mitzutragen.

WARUM »MACH DICH MAL LOCKER« NICHT SO EINFACH IST

Die meisten Artikel im Internet und auch viele Bücher machen die Männer dafür verantwortlich, dass die Frauen so viel Mental Load zu tragen haben: Sie bringen sich nicht ein, sind blind für Schmutz, desinteressiert an den Kindern, arbeiten zu viel, verstehen nichts von Gefühlen. Liest man dann die Kommentare, melden sich dort Männer zu Wort, die wiederum die Frauen als Schuldige ausmachen: Frauen wollen sich nicht helfen lassen, weil sie nichts abgeben wollen; sie haben überzogene Vorstellungen, nie kann man es ihnen recht machen.

Das ist, so allgemein formuliert, ganz schöner Quatsch, und abgesehen davon geht es auch gar nicht um Schuld. Bevor ich beleuchte, wie man Belastung im Allgemeinen und die psychische Belastung durch Mental Load im Besonderen reduziert, möchte ich aber noch zwei Gedanken voranstellen, die klarmachen, warum die Diskussion um Mental Load oft so hitzig und emotional ist:

- Schulz von Thun lässt grüßen: Wir verwechseln Sach- und Beziehungsebene. [1]
- Sich lockermachen geht für viele nicht, weil es nicht nur um sie, sondern auch um die Kinder geht.

Nicht um To-dos streiten wir, sondern ums Alleingelassenwerden

Wir gehen heute aus emotionalen Gründen Beziehungen ein. Nicht wie früher aus ökonomischen. Das heißt, wir versuchen, unser menschliches Bindungsbedürfnis mit einer Beziehung zu stillen.

Wir suchen einen Partner, der für uns da ist, der eine Verbindung eingeht, auf unsere Bedürfnisse schaut und sich um uns sorgt, und umgekehrt wollen wir das für unseren Partner »leisten«. Wahrscheinlich liegt in diesem Wandel auch ein Grund, warum es so schwer ist, über Mental Load zu sprechen. Denn erst spürt man die zusätzliche Belastung durch Mental Load, und wenn der Mental Load immer mehr wächst und schlussendlich zu viel wird, rutscht man in die Überforderung und Überlastung hinein, und alles, was man denkt, ist: »Wieso sieht das mein Partner nicht? Wieso hilft er mir nicht? Wieso unterstützt er mich nicht? Wieso muss ich alles sagen? Darum bitten? Spürt er nicht, wie schlecht es mir geht?« Man fühlt sich in der Bindung, auf emotionaler Ebene betrogen und verraten. Wir diskutieren dann nicht mehr sachlich um die Verteilung von Aufgaben und Verantwortung, sondern wir machen uns gegenseitig Vorwürfe, weil wir uns nicht wertgeschätzt fühlen, weil wir uns alleingelassen und einsam fühlen.

Schaut man sich die Symptome des Burn-out-Syndroms an, findet man im fortgeschrittenen Stadium viele dieser Verletzungssymptome. Für die Betroffenen beginnt es zunächst mit dem Gefühl, einerseits unentbehrlich zu sein und damit verbunden nie ausreichend Zeit zu haben. Sie schrauben ihre eigenen Bedürfnisse immer weiter zurück. Dann wird es körperlich: Die Anfälligkeit für Infektionen steigt, es herrscht permanenter Energiemangel, trotz andauernder Erschöpfung schlafen die Betroffenen schlecht. Sie sind gleichzeitig rastlos und doch dauermüde. Schließlich kommt es zur Wende: »Das für die Einstiegsphase typische Überengagement kippt irgendwann zunehmend in eine Anspruchshaltung. Die Betroffenen erwarten, dass ihnen für ihren großen Einsatz etwas zurückgegeben wird. Werden sie enttäuscht, rutschen sie in eine starke Frustration.«[2]

Oskar Holzberg, Paartherapeut und *Brigitte*-Kolumnist, hat das auf einer Veranstaltung mal in den Satz »Aus Überforderung wird Forderung« gepackt. Das fand ich sehr treffend.

Die nächste Phase von Burn-out spiegelt das wider, denn:

- Der persönliche Einsatz wird heruntergefahren.
- Es gibt ein Gefühl mangelnder Wertschätzung.
- Es gibt ein Gefühl der Ausbeutung.
- Die Empathiefähigkeit schwindet.
- Betroffene werden zynisch und ziehen sich emotional zurück.
- Es stellen sich negative Gefühle dem Partner gegenüber ein.

Erschreckend ist, dass dieser Zustand noch nicht mal die volle Ausprägung von Burn-out darstellt, sondern wir uns ungefähr auf der Hälfte des Weges befinden. Liest man sich die Symptome durch, sollten dennoch alle Alarmglocken schrillen, denn die Überlastung ist jetzt schon so hoch, dass nur mit viel Einfühlungsvermögen seitens des Partners eine konstruktive Auflösung der Situation möglich ist. Als Psychologin empfehle ich allerspätestens jetzt, Hilfe von außen hinzuzuziehen. Es hilft in so einem Zustand, selbst in Therapie zu gehen, und natürlich hilft es auch der Beziehung, gemeinsam einen Therapeuten aufzusuchen. Paartherapie in diesem Stadium zu beginnen, bedeutet oft, dass die Beziehung noch gerettet werden kann. Sind die Wunden der gegenseitigen Verletzungen halbwegs versorgt, ist es leichter möglich, sich einen entspannten Weg aus der Mental-Load-Falle zu erarbeiten.

Mir ist übrigens wichtig, zu betonen, dass beide Partner in dem oben beschriebenen Stadium Verletzungen erfahren. Mein Mann hatte sich das mit unserer Beziehung und mir bestimmt auch anders vorgestellt …

Und um meine Geschichte fortzuführen: Mein Mann und ich waren als Ehepaar schon lange über den Punkt hinaus, unsere Gewohnheiten zu durchbrechen und konstruktiv über mögliche Lösungs- und Entlastungsmöglichkeiten zu sprechen. In meiner Erschöpfung hatte ich ihn gebeten, sich um Familientherapie zu kümmern, weil ich selbst keine Kraft mehr hatte. Dazu ist es nie gekommen. Ich kannte damals das Phänomen Mental Load nicht und dachte, es würde genügen, einen Teil der Aufgaben zu delegieren. Doch damit scheiterte ich kläglich. Denn das Delegieren von Aufgaben ändert nichts an dem Mental Load. Manchmal passiert sogar das Gegenteil. Der Mental Load wird größer, denn Delegieren heißt, in der Planung gut abtrennbare Aufgabenpakete zu identifizieren, herauszuschälen, an den anderen zu übergeben und dann oft doch noch nachzuhalten. Man hat also die Aufgabe UND das Daran-Erinnern im Kopf.

Und nicht nur das: Gemma Hartley weiß in ihrem Buch *Es reicht* noch Genaueres zu berichten: »Eine […] Studie fand heraus, dass Frauen im Durchschnitt drei Stunden pro Woche damit verbringen, Arbeiten, die sie an die Männer delegiert haben, noch mal neu zu machen.«[3]

So war es auch bei uns. Die Verantwortung wanderte einfach nicht weiter. Das Übergeben ausgewählter To-dos verschaffte keine Erleichterung, und wir konnten relativ schnell feststellen, dass wir sehr unterschiedliche Auffassungen von bestimmten Aufgaben hatten. In der Software-Programmierung nennt man das Definition of Done (DoD). Im Prinzip handelt es sich dabei nur um eine Reihe von Kriterien, die das Produkt erfüllen muss, um als fertig zu gelten.

Trennungsgrund Biomüll

Über DoD redet man allerdings wenig, denn, so ging es auch mir: Ich fand, dass die DoD für Alltagsaufgaben in der Regel selbsterklärend ist. »Biomüll leeren« bedeutet eben, dass der Inhalt des kleinen Biomülleimers aus der Wohnung in die große Biomülltonne im Hof geschüttet wird. Was denn sonst? Dennoch kann man trefflich über solche Alltäglichkeiten die Nerven verlieren. Während für mich »Kannst du mal den Biomüll runterbringen« bedeutete, dass ein Biomülleimer, der bereits zu 50 Prozent gefüllt ist, innerhalb von acht Stunden nach dieser Feststellung in die Mülltonne gehört, war mein Partner der Auffassung, 80 Prozent mit einem Fruchtfliegenanteil von einem Prozent können auch gut 48 Stunden in der Küche rumstehen. Auch konnte man darüber diskutieren, ob zum Ausleeren des Biomülleimers gehört, dass man den Mülleimer reinigt und gleich wieder mit einer Tüte ausstattet. Und ja, wir sprechen hier nur von Lappalien. Es mag lächerlich klingen, aber Beziehungen scheitern genau an solchen Dingen. Für mich war der Frust irgendwann nicht mehr auszuhalten (für meinen Mann war es ohne Zweifel mit mir auch megafrustrierend, gar keine Frage!). Ich konnte es nicht mehr ertragen, für den Prozess »Biomülleimer leeren« verantwortlich zu sein. Ich wollte die Leerung nicht mehr initiieren oder nachhalten müssen, ich wollte, wenn die Mülltüte endlich rausgenommen war, nicht diejenige sein, die den Prozess zu Ende führen musste, indem sie den Mülleimer ausspülte.

Wir trennten uns einige Jahre nach meinem Fastzusammenbruch, und es dauerte bestimmt ein weiteres Jahr, bis ich nicht mehr meinen vollen Mülleimer mit einem absurd glückerfüllten Gefühl zu den Mülltonnen trug, weil ich jetzt nicht mehr darüber verhandeln musste, wann er wie schnell entsorgt werden musste. Der Biomülleimer wurde mein Symbol für Freiheit. Ich musste nicht darauf hoffen, dass er sich eines Tages ohne einen Hinweis leert, es war einfach klar: Ich bringe ihn runter. Für mich war das weniger Belastung als der Mental Load um den Mülleimer. Klar kann man das belächeln, aber der Mülleimer war ein Thema von einigen Hundert.

So wie die Sache mit dem Biomülleimer klärten sich viele andere Dinge für mich. Auch hier fühlte ich wieder etwas, das in dem

Buch *Bitterfotze* immer wieder beschrieben wird. Ich blühte nach der Trennung regelrecht auf. Denn wenngleich ich meinen Mental Load nicht reduziert hatte, hatte ich doch zumindest meine Freiheit zurück. Ich musste mich jetzt nicht mehr mit einer zweiten Person abstimmen und mich an deren Bedürfnissen und Terminen ausrichten. Ich war voll mit Mental Load, aber wenigstens nicht mehr frustriert, dass ich niemanden hatte, mit dem ich die Verantwortung teilen konnte.

Zynisch, aber treffend schreibt Maria Sveland: »Hinter jedem erfolgreichen Mann steht eine Frau mit müden Beinen und Migräne. Und hinter jeder erfolgreichen Frau liegt eine Scheidung.«[4]

Aber die Kinder …

Viele Frauen haben große Probleme, das Thema Mental Load zu bearbeiten, weil sie sich tatsächlich schwer mit dem Loslassen tun. Denn Folgen tragen nicht nur sie selbst, sondern oft sind auch die gemeinsamen Kinder betroffen. Die Verantwortung für die Kinder wiegt schwer, oft besonders schwer für Mütter: »Jede Entscheidung, die ich jetzt fällte, betraf noch eine zweite Person. Der Druck, ›alles richtig zu machen‹, war größer als alles, was ich je zuvor erlebt hatte …«, schreibt die Journalistin Gemma Hartley in ihrem Buch *Es reicht*, »[wir tragen] die nicht abtretbare Verantwortung für das Gedeihen eines winzigen Menschenkindes.«[5] Die zwei kleinen Wörter »nicht abtretbar« sind hier besonders wichtig. Denn gesellschaftlich gibt es diesen unterschiedlichen Druck auf Frauen und Männer tatsächlich. Während die Väter sich theoretisch aus dem Staub machen können, indem sie sich trennen und ihre Kinder bei der Mutter lassen, ohne dass sie dafür gesellschaftlich geächtet werden, haben Mütter diese Freiheit nicht. In den Köpfen der meisten Menschen gehört die Mutter zum Kind, und basta. Eine Mutter, die sich der Elternarbeit verweigert, ist eine Rabenmutter, ein schlechter Mensch. Ein Vater lediglich nicht modern eingestellt, kein »neuer Vater«. Was auch immer beim Kind schiefgeht, die Mutter ist verantwortlich. »[Unsere Kultur vermittelt uns] die starke Botschaft, dass die Aufzucht unserer Kinder zu leistungsfähigen, vertrauenswürdigen, glücklichen Erwachsenen unsere Aufgabe sei – nicht die unserer Ehemänner«[6], weiß auch Amy Vachon.

Antje Schrupp schreibt zu der Verantwortungsfrage: »[Es ist] ein großer Unterschied [...], ob ich jemand anderen beim Kindererziehen unterstütze, selbst wenn ich das in erheblichem Ausmaß tue, oder ob ich die Person bin, an der letztlich alles hängt.«[7] Diese nicht ablegbare Verantwortung wiegt schwer. Wenn wir also Tipps bekommen, die irgendetwas mit »fünfe gerade sein lassen« zu tun haben, haben wir meist das Gefühl, dass wir schlimmstenfalls einen Konflikt auf dem Rücken unserer Kinder austragen. Das Gefühl sitzt sehr tief. Ich werfe auch oft gedanklich Geld in die zukünftige Therapiekasse meiner Kinder, weil tief in mir der Eine-gute-Mutter-macht-das-nicht-Zweifel nagt. Wird meine Tochter später auf ihre Kindheit zurückschauen und sagen: »Cool. Mama hat gearbeitet, das ganze Geld für die Familie verdient und nebenher Bücher geschrieben. Ein echtes Rolemodel!« oder »Ich hätte mir so sehr gewünscht, dass Mama mittags da ist und für uns kocht. Immer musste ich mir mein Essen selbst aufwärmen. Ich war so alleine.«?

Als meine Beziehung zu meinem Partner noch nicht auf Augenhöhe war, als ich das Gefühl hatte, dass nur ich die Kinder gut und verantwortungsvoll umsorgen kann, als ich dachte, wenn ich nicht da bin, sind sie quasi sich selbst überlassen, waren dieser nagende Zweifel und all die damit verbundenen Ängste noch viel stärker. Ich hatte das Gefühl, was ich nicht mache, wird eben gar nicht gemacht. Das Weglassen verursacht immer einen Mangel, ganz plakativ gesagt: Die Kinder nehmen unmittelbar einen Schaden.

Erst nach und nach habe ich umgelernt. Ich habe aber vor allem durch die guten Erfahrungen, die ich mit meinem neuen Partner gemacht habe, vieles neu begriffen. Ich habe Vertrauen aufgebaut und Zuversicht, denn er hat ja mehr als einmal, ach was, hundert Mal bewiesen, dass er sich kümmert, dass er gut versorgen kann und dass er die Kinder auch emotional gut abholt.

Mir geht es jetzt erst einmal darum, dass verstanden wird: Loslassen geht nur mit Zu- und Vertrauen. Dafür muss sich der eine Partner öffnen, und der andere muss aktiv etwas dafür tun.

Karriere auf Kosten der Kinder?

Weil die Vorstellung »Die Mutter gehört zum Kind« in unserer Gesellschaft so stark ist, fällt es übrigens auch so vielen Frauen heute noch schwer, Karriere zu machen (oder besser: machen zu wollen). Karriere zu machen, bedeutet, den Lebensschwerpunkt auf die Erwerbsarbeit zu legen. Die Rahmenbedingungen sind noch lange nicht so, dass es uns – egal, ob Mann oder Frau – möglich ist, beides, also Familie und Karriere gleichzeitig, haben zu können. Auch Männer können das nicht.

Dennoch gibt es einen großen Unterschied zwischen Männern und Frauen: Männer verzichten zugunsten ihrer Karriere im Zweifelsfall auf eine enge Beziehung zu ihren Kindern, können sich gleichzeitig aber darauf verlassen, dass die Kinder liebevoll umsorgt sind. Und zwar von den Frauen, die ja ohnehin »von Natur aus« zum Kind gehören und deswegen zu Hause bleiben und den Männern den Rücken frei halten.

Umgekehrt ist das nicht so.[8] Frauen, die Karriere machen, müssen sich in der Regel wirklich um die Vereinbarkeit von Arbeit und Familie kümmern. Sie haben vielleicht Männer, die ihre Karrierebestrebungen unterstützen, das heißt aber in den allerwenigsten Fällen, dass die Männer dann wirklich Hausmänner werden.

Anne-Marie Slaughter, Autorin des Buchs *Was noch zu tun ist*, schreibt dazu: »Relativ selten ist der Ehemann bereit, zu Hause zu bleiben oder die Hauptelternrolle zu übernehmen, damit seine Frau in ihrem Beruf vorankommen kann«[9], und beruft sich auf die Studie »Stay-at-Home-Fathers« aus dem Jahr 2013, die an der Universität von Minnesota durchgeführt wurde[10]. Ich habe tatsächlich schon gehört, dass Männer, die Hausmänner sind, in neuer Umgebung gelegentlich mitleidig gefragt werden, ob die Mutter der Kinder gestorben sei. Werden Hausfrauen auch gefragt, ob sie sich um Kinder und Haushalt kümmern, weil der Mann tot ist?

Bestimmte, tief in uns verankerte Glaubenssätze machen es uns allen schwer. Ich glaube nicht, dass es reiner Zufall ist, dass der Anteil von Frauen in Führungspositionen in Deutschland bei durchschnittlich 29,4 Prozent[11] liegt, während der gleiche Prozentsatz an Männern Elternzeit nimmt.

Versteht ihr den Gedanken? Offenbar sind die Rollenklischees so stark, dass nur ein Drittel der Männer und Frauen sich jeweils traut, auszubrechen. Deswegen ja: Der Glaubenssatz »Die Mutter gehört zum Kind« macht es Frauen in der Tat schwer, loszulassen.

THERAPIE: SCHRITT FÜR SCHRITT RAUS AUS DER MENTAL-LOAD-FALLE

Nun ist Trennung aber der denkbar schlechteste Weg, um mit Mental Load umzugehen. Und natürlich gibt es Wege aus der Mental-Load-Falle, die man am besten beschreitet, bevor der Clash da ist. Aber bevor wir dazu kommen, muss ich noch einen kleinen Umweg gehen.

Ich hatte immer ein bisschen Angst vor dem Feminismus. Die ganze Theorie erschien mir so freudlos und kompliziert. Als Mädchen hatte ich keine Unterschiede zwischen den Jungs und mir wahrgenommen. Ich hatte keinen Bruder zum Vergleichen, war in der Schule eher Einzelgängerin, und mein naturwissenschaftliches Interesse wurde glücklicherweise von niemandem untergraben. Mein Vorbild war mein Vater. Der hatte es gut. Einen riesigen Kleiderschrank voller schicker Klamotten, alle zwei Jahre ein neues Auto, er konnte es sich leisten, in teure Restaurants und Cafés zu gehen, die Welt stand ihm offen. Für mich war irgendwie klar, dass ich so leben wollte wie er. Immer wieder hörte ich den Spruch: »Du bist nicht besonders hübsch, aber schlau. Das wird dir noch helfen.« Das hat mich schon etwas verletzt, aber ich habe meinen Fokus ziemlich schnell auf andere Dinge als auf mein Aussehen gelenkt. Auch wenn das vereinzelt Anklang fand, so würde es ja doch früher oder später verblühen.

Als junge Frau war ich der Meinung, ich müsse nur hart genug arbeiten, dann könnte ich alles erreichen. Ich arbeitete von früh bis spät, und abends ging ich mit meinen Kolleg*innen in Bars. Wir feierten und fühlten uns tough. Und ich konnte mir endlich all den Krempel kaufen, den mein Vater hatte. Ich hatte bestimmt zehn Anzüge im Schrank, die Schuhe passten zur Handtasche und zu den Ohrringen, meine Blusen musste ich nicht selbst bügeln, die brachte ich zur Wäscherei. Ich fühlte mich großartig. Bis dahin hatte ich nur befristete Jobs, und als sich die Gelegenheit bot, in einen unbefristeten zu wechseln, ergriff ich sie.

Dann bekam ich Kinder und meine Freundinnen nach und nach auch. Während ich als Berlinerin das unfassbare Glück einer hervorragenden und liebevollen sowie kostengünstigen Kinderbetreuung ab zwölf Monaten hatte UND einen Arbeitgeber, der alles möglich machte, erhielten viele meiner Freundinnen am ersten Arbeitstag nach ihrer Elternzeit die Kündigung. Damit waren sie keine Ausnahmen, wie der *Zeitonline*-Artikel »Zur Geburt einen Aufhebungsvertrag« zeigt.[1] Das ist möglich, weil der Sonderkündigungsschutz mit der Elternzeit endet. Diesen Zeitpunkt warten viele Arbeitgeber ab, um legal kündigen zu können. Auf Unternehmen mit weniger als zehn Mitarbeitern ist das normale Kündigungsschutzgesetz ohnehin nicht anwendbar.[2] Alternativ wird beantragte Teilzeit verweigert, und die Frau wird so lange auf jede erdenkliche Art gemobbt, bis sie selbst kündigt.

Ich hingegen hatte es maximal unkompliziert und bequem. Deswegen dauerte es vermutlich bis zum dritten Kind, dass ich darauf kam: »Moment mal, was ist hier eigentlich los?« Plötzlich war ich Teil der Ich-bekomme-es-nicht-mehr-hin-Kohorte und verstand zunehmend, dass es eben nicht ausschließlich an meinem persönlichen Bemühen, sondern auch an allen möglichen Rahmenbedingungen hängt, ob man Dinge hinbekommt oder nicht.

Ich war bis dahin regelrecht blind für viele Probleme, weil sie mich nicht betrafen. Eigentlich lebte ich bis zum erneuten Jobwiedereinstieg wie ein Mann. Ich hatte im Job nie irgendwelche Diskriminierungen erfahren, und das Drumherum war sowohl organisierbar als auch durch meine Kraftressourcen abgedeckt. Das änderte sich, als nicht mehr nur zwei Kinder von der Kita abgeholt werden mussten, sondern es zusätzlich die Schule mit all ihren Ansprüchen gab und Wegezeiten und zusätzliche Aufgaben alles zum Explodieren brachten. Vielleicht ist es deswegen für manche Männer so schwer nachzuvollziehen, was manche Frauen erleben und auch erleiden. Ich habe es ja auch lange nicht verstanden. Solange ich noch Energiereserven und Kapazitäten hatte, dachte ich immer: »Dann muss man sich eben ein bisschen mehr anstrengen« oder »Sollen sie halt nicht so viel jammern, sondern eben mal ein paar Dinge einfordern«. Oder noch schlimmer: Weil ich viele »typisch weibliche« Begabungen und Fähigkeiten nicht habe (ich habe keinen Spaß am Backen, beim Basteln habe ich zwei linke Hände, ich kann nicht stricken und nicht häkeln, Deko ist für mich nur Staubfänger …), dachte ich sogar: »Wenn man diesen ganzen Schnickschnack weglässt, dann hat man auch nicht so einen Stress.«

So einfach ist das aber nicht. Und erleuchtet wurde ich erst durch die eigene Überforderung und Dauererschöpfung. Denn plötzlich gab es kein Organisationssystem mehr, das mir half. Kein *Getting things done*[3] konnte mich retten. Es war einfach zu viel. Zu viel für mich alleine. Ich hatte eine Stelle als Leiterin eines kleinen Familienunternehmens und zusätzlich eine Sachbearbeiterinnenstelle zur Umsetzung der Aufgaben in besagtem Familienunternehmen. In Summe also drei Jobs – IT-Projektmanagerin mit 30 Wochenstunden war ich ja auch noch.

Ich musste erst selbst in der Überforderung landen und daran scheitern, etwas von meinem Mental Load an meinen damaligen Mann abzugeben, bevor ich andere verstand. Wie gesagt: Wir waren nicht in der Lage, das Problem zu lösen, aber überraschenderweise brachte die Trennung für mich die nötige Entlastung.

Denn das Leben als Getrennt-Erziehende brachte endlich die erhoffte Verbesserung meiner Situation. Ich war nur noch für mich und meine Kinder verantwortlich, hatte also eine Person weniger zu managen, UND ich hatte plötzlich freie Tage. Komplett freie Tage, denn die Kinder waren regelmäßig beim Vater. Mir ging es wieder richtig gut. Ich war nach einem kinderfreien Wochenende so erholt, dass ich hätte Bäume ausreißen können.[4] Genau in dieser Phase lernte ich einen neuen Mann kennen. Zunächst sah ich keinerlei Veranlassung, dass wir uns außerhalb der kinderfreien Zeit treffen müssten. Als wir aber länger zusammen waren, kam irgendwann doch die Frage auf, ob es Kontakt zu den Kindern geben sollte und wie dieser aussehen sollte. Mein neuer Partner hatte gar nicht so viele Bedenken und Ängste wie ich. Er sei bereit fürs Familiending: Ob wir nun eigene Kinder gemacht hätten oder er meine gratis dazubekäme, sei doch irrelevant. Ich wollte es zwar nicht unnötig kompliziert und anstrengend machen, aber ich schilderte ihm sehr ausführlich, was sich für mich alles nicht wiederholen sollte. Als ich nämlich meinen Ehemann kennengelernt hatte, haben wir über gar nichts geredet. Die Dinge sind einfach passiert. Wir haben nichts geplant, bestenfalls Entschlüsse gefasst und alles auf uns zukommen lassen. Liebe verhandelt nicht. Liebe versteht einfach! Wie viele Narrative über die romantische Liebe gibt es bitte, die genau das zementieren: Man versteht sich ohne Worte. Der Partner liest einem die Wünsche von den Augen ab. Pech, wenn es nicht funktioniert oder immer weniger funktioniert, weil man die Phase der romantischen Verliebtheit verlässt.

Also kaute ich meinem neuen Partner ein Ohr ab. Was Mental Load ist, wusste er in der Zwischenzeit auch, und dass es irgendwie um unsichtbare Aufgaben ging, war klar. Es war somit naheliegend, dass wir das Unsichtbare sichtbar machen mussten. Dass es ein System geben musste, mit dem wir Schritt für Schritt Mental Load sichtbar und teilbar machen konnten. In meinen IT-Projekten im Job gab es eine Systematik, die ich sehr passend für unser Privatleben fand. Meine Erfahrung hatte schließlich gezeigt, dass es nicht ausreicht, so vor sich hinzuwurschteln und zu hoffen, dass sich am Ende alles fügen würde. Ich arbeitete deswegen ein vierstufiges Vorgehen aus, das uns geholfen hat, alle Aufgaben und auch die Verantwortung gerecht aufzuteilen.

Vier Schritte bis zur Umverteilung

Das nachfolgende System stellt einen Anfangspunkt dar, wie man als Paar eine Routine entwickeln kann, um die Arbeits- und Verantwortungslast gut aufzuteilen und die einzelnen Arbeitsschritte, die sonst im Verborgenen liegen, sichtbar zu machen. Das System ist hilfreich, stellt aber nur einen kleinen Teil der Aspekte dar, die alle in Mental Load reinspielen. Weil es aus der Projektarbeit kommt, wirkt es ein wenig technisch.

Die ersten beiden Schritte entsprechen einer Bestandsaufnahme. Sie geben einen Überblick über den Status quo. Die darauffolgenden Schritte ermöglichen eine Routine, die im späteren Alltag hilfreich sein kann, um im entspannten und möglichst vorwurfsfreien Austausch zu bleiben. In erster Linie geht es um eine Verbesserung der Kommunikationsroutinen. Denn eine bessere Aufteilung setzt ein besseres Detailwissen voraus. Das heißt, ohne regelmäßigen Austausch keine bessere Verteilung – denn wie soll man verteilen, was man nicht kennt und sieht?

Diejenigen, die glauben, dass sie in ihrer Beziehung ihren Alltag bereits gerecht teilen, können sogar einen Schritt 0 machen. Schreibt dafür auf einen Zettel, den ihr eurem/eurer Partner*in erst einmal nicht zeigt, wie viel Prozent der Alltagsaufgaben ihr jeweils übernehmt und für wie viel Prozent ihr Erinnerungsarbeit leistet, das heißt, für welchen Anteil ihr die Initiator*innen seid. Dann geht es weiter …

Schritt 1: Das Bündel zusammentragen

Um sich einen Überblick zu verschaffen, empfiehlt es sich, eine Art Bestandsaufnahme aller Aufgaben zu machen. Dafür genügt erst einmal eine Mental-Load-Map:

Eine Mental-Load-Map zeigt auf einen Blick die Komplexität

Man erstellt eine Karte der Dinge, an die man in den nächsten Tagen denken muss. Meine sah zum Beispiel so aus. Ich habe zentrale Eckpunkte der Wochenplanung in Grün auf den Plan geschrieben und um diese Ereignisse dann in kleine Blasen alle Aufgaben

drum rum, die damit irgendwie in Verbindung stehen. Markiert jetzt, wer welche Aufgaben übernimmt. Sprecht auch darüber, ob der Partner sie von sich aus macht oder ob ihr delegiert. Ihr seht in der nachfolgenden Abbildung markiert, was mein Exmann nach Aufforderung erledigt hätte.

Aus Erfahrung kann ich sagen, dass vielen Frauen, die auf meine Anregung hin so eine Mental-Load-Map gezeichnet haben, so erst einmal klar wurde, was sie alles leisten und dass es tatsächlich ein großes Ungleichgewicht gibt – dass dem »Ich mache doch alles, was du sagst« ziemlich viele Aufgaben gegenüberstehen, die ohne die Map unsichtbar bleiben.

Das Bild ist zunächst oft ernüchternd – ich kann aber versprechen, dass die Mental-Load-Map ganz anders aussehen wird, wenn ihr an einer besseren Verteilung arbeitet.

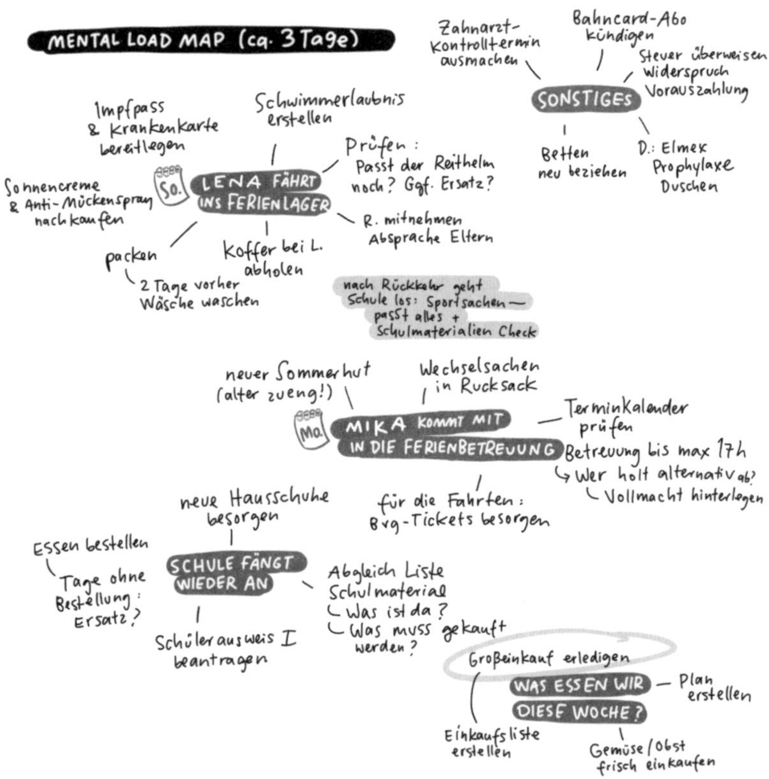

Die Liste ist beispielhaft und gar nicht so kleinteilig, wie man vielleicht glauben mag. Routinen wie »Kinder ins Bett bringen« stehen da gar nicht drin.

Wenn Excellisten Beziehungen retten

Diejenigen, die wie ich ein bisschen komisch sind und gerne Excel und Issue-Tracker mögen, können es umfangreicher und detaillierter machen. Ich empfehle das auch, weil wenn man sich schon mal die Arbeit macht, dann gleich richtig. Nehmt euch einen Abend Zeit und erstellt die Liste der To-dos gemeinsam mit eurem Partner. Auf die Liste gehören alle typischen Alltagsaufgaben, die anfallen und erledigt werden, zum Beispiel:

- Klo putzen
- Fenster putzen
- Wäsche waschen
- Wäsche aufhängen
- Rechnungen begleichen
- Wäsche falten
- Regelmäßig prüfen, ob die Turnschuhe im Turnbeutel noch passen
- Bügeln
- Urlaube planen
- Sieb in der Spülmaschine reinigen
- Am Wochenende mit den Kindern aufstehen
- Betten überziehen
- Einkaufsliste erstellen
- Essen planen
- Kinderbetreuung an Schließtagen sicherstellen
- Vorsorgetermine beim Arzt ausmachen
- Vorsorgetermine wahrnehmen
- Blumen gießen

- Rasen mähen
- Auto zum TÜV bringen
- Kaputte Kleidungsstücke nähen
- Schulmaterialien besorgen
- Elternabend besuchen
- Fahrrad reparieren
- Batterien im Rauchmelder tauschen
- …

Diese schier endlose Liste hat zwei Wirkungen. Sie macht erstens sehr viele Aufgaben sichtbar, die tatsächlich in großer Regelmäßigkeit erledigt werden, ohne dass man jemals darüber spricht, und zweitens sorgt die Liste für ein großes Aha-Erlebnis. Aus vielen Workshops, die ich hierzu gebe, kommt das Feedback: Ich wusste wirklich nicht, was meine Frau/mein Mann alles macht!

Möchte euer Partner nicht mitmachen (und das gibt es leider nicht selten), dann macht diese Liste trotzdem. Eve Rodsky, die Autorin des Buchs *Fair Play*, nennt diese Liste »Sh*t I Do-List«. Das fand ich ganz passend, denn der Name der Liste hilft ein bisschen, Dampf abzulassen, weil es ganz schön frustrierend ist, so eine Liste für sich alleine zu erstellen. Ich denke aber, die Liste tut trotzdem gut, denn sooft Workshop-Teilnehmer*innen erstaunt sind, zu sehen, was der oder die Partner*in macht, so erstaunt sind viele darüber, was sie selbst alles machen! Viele Frauen sind nämlich Abend für Abend total erschöpft, fragen sich dann aber: Was hab ich heute eigentlich gemacht? Die Liste gibt eine Antwort darauf.

Schritt 2: Wessen Bündel ist wie groß?

Die Liste hat euch einen guten Überblick über die Quantität der Aufgaben gegeben. Jetzt kommt der spannende Teil, denn nun qualifiziert ihr die einzelnen Punkte. Schreibt bitte jeweils hinter eure Punkte:

- Wer denkt dran?
- Wer setzt es um?

- Wie oft muss es gemacht werden?
- Wie lange dauert es durchschnittlich?

Vor allem der erste Punkt ist wichtig. Denn in ihm steckt der Mental Load. Wenn beim ersten Punkt »Wer denkt dran?« ständig euer Name steht, dann hilft es relativ wenig, wenn in der Hälfte der Fälle hinter »Wer setzt es um?« der Partner steht.

Unabhängig vom Punkt »Wer denkt dran« rechnet ihr für die Frage »Wer setzt es um« für jede*n zusammen: Wie viele Stunden fallen durchschnittlich pro Woche an?

Schaut auf eure Werte und vergleicht sie mit euren Prozenteinschätzungen in Schritt 0. Oft gibt es einen großen Unterschied zwischen gefühlter und tatsächlicher Aufgabenverteilung.

Für mich war auch sehr erhellend, dass *typisch männliche* Aufgaben wie »Auto zum TÜV bringen«, »Batterien im Rauchmelder austauschen« und »Fahrrad reparieren« relativ selten (alle zwei Jahre?) vorkommen, wohingegen *typisch weibliche* Aufgaben oft zu den täglichen Routinen gehören. Die unterschiedliche Häufigkeit spricht für mich gegen das Prinzip »Jeder macht, was er am besten kann«. Dazu aber später mehr (vgl. den Abschnitt »Jeder Mann kann«).

Seid ihr zufrieden mit der Verteilung? Wenn ja, seid ihr jetzt fertig. Wenn nein, muss jetzt überlegt werden, wie man umverteilt.

Pfui! In der Liebe rechnet man doch nicht. Das ist sehr unromantisch. Nur unsympathische Buchhaltertypen machen so etwas. Wie oft höre ich diese Einwände, wenn es darum geht, Haus- und Care-Arbeit zu erfassen!

Die treffendste Erwiderung auf diesen Vorwurf hat für mich Miriam Vollmer, Anwältin und Bloggerin, in ihrem Artikel »Halbe, halbe«[5] im *Fleischmagazin* formuliert: »Liebe hilft einem, es zu zweit in einer Wohnung auszuhalten und nicht wegzulaufen, wenn der andere erkältet ist und komisch riecht. Liebe hilft einem kein Stück dabei, ein Gleichgewicht zu finden, in dem jeder am Ende gleich viel Freizeit hat. Es ist nämlich kein bisschen romantisch, Scheuermilch zu kaufen, die Putzfrau zu ermahnen, auch in den Ecken zu saugen, oder Kuchen fürs Sommerfest der Kita zu backen.« Schlimmer noch: Amy und Marc Vachon, Expert*innen des Equal-Shared-Parenthood-Konzepts, sagen zu den Vorwürfen: »Diese Argumentation ist aus unserer Sicht der Grund, der Männer und Frauen überhaupt erst in unser kollektives Ungleichheitsschlamassel gebracht hat. […] Man sollte Einzelheiten nicht mit Kleinkariertheit verwechseln.«[6]

Ich höre auch oft, dass es unnötig zeitaufwändig, ja, erbsenzählerisch sei, solche Listen zu machen. Dass es Zeit und Energie kostet, die Dinge so detailliert zu besprechen, bestreite ich gar nicht. Das ist so. Ich gebe aber zu bedenken, dass es im Berufsleben völlig normal ist, vor Projektstart ein solches Projekt-Kick-off zu machen. Vor allem dann, wenn ein Projekt sich über mehrere Jahre (womöglich Jahrzehnte!) erstreckt. Nie würde jemand auf die Idee kommen und sagen: »Hier: Wir haben 130 000 Euro[7] Budget, das Projekt läuft jetzt über 18 Jahre – viel Spaß, wird schon.«

Nein! Man setzt sich zusammen und plant. Man verschafft sich einen Überblick über alle anstehenden Aufgaben, clustert diese zu Unterprojekten, wenn es zu viele sind, und verteilt dann Verantwortlichkeiten.

In Beziehungen macht man das nicht. Dinge fallen an und werden geregelt. Oft finden sich Modelle, in denen das (zumindest eine Zeit lang) klappt. Vielleicht arbeitet ein Partner weniger und hat deswegen mehr Kapazitäten, bestimmte Dinge zu tun. Vielleicht hat ein Partner auch einfach mehr Energie als der andere. Vielleicht sind manche Partnerschaften finanziell so gut gestellt, dass man viele Aufgaben outsourcen kann. Wenn es also klappt und alle Beteiligten zufrieden sind – egal, in welcher Konstellation –, bestens! Für alle anderen kann ich diese Bestandsaufnahme nur empfehlen, besonders dann, wenn man als Paar noch nicht in der Krise steckt oder ein Einzelner kurz vor dem Burn-out. Vielleicht lohnt es sich an bestimmten Wendepunkten im Leben, explizit über die Organisation des gemeinsamen Lebens zu sprechen: bei Einstieg in den Beruf, bevor das erste Kind geboren wird, wenn die Kinder aus dem Kleinkindalter entwachsen.

Manchmal lohnt sich so eine Bestandsaufnahme sogar präventiv, wenn man (noch) das Gefühl hat, dass alles gleich verteilt ist, denn das Ungleichgewicht zwischen »gefühlter« und »tatsächlicher Gleichverteilung« von Aufgaben ist tatsächlich groß. Die Soziologin Cornelia Koppetsch, Professorin für Geschlechterverhältnisse an der TU Darmstadt, verweist in diesem Zusammenhang auf ihre Studien: »Wir führen Interviews mit den Paaren. Wenn man sie zum Thema Hausarbeit befragt, kann man hören: Bei uns läuft das partnerschaftlich, wir teilen uns die Arbeit auf. Aber wir wollen das genauer wissen und fragen nach: Wer putzt denn bei Ihnen die Fenster? Wer näht die Knöpfe an? Wenn man insistiert, kommen andere Dinge ans Licht. Etwa, dass immer dann, wenn der Mann für längere Zeit die Hausarbeit übernimmt, im Erziehungsurlaub beispielsweise, eine Putzfrau engagiert wird, die es nicht gegeben hat, als die Frau für die Hausarbeit zuständig war. Das sind interessante Details, die den inneren Widerspruch deutlich machen.«[8]

Mit der Mental-Load-Map oder den Listen kommt man einer möglichen Schieflage gut auf die Spur. Seht es nicht als Wettbewerb! Ihr seid Partner und nicht Gegner. Es geht lediglich darum, ans Tageslicht zu bringen, was so alles auf euch lastet. Eine solche Liste macht Mental Load (und damit auch tatsächliche Belastung) sichtbar, und sie hilft, Wertschätzung herzustellen. Ist doch wirklich toll, was die Partnerin so kontinuierlich wuppt, oder? Vielleicht versteht der ein oder andere dann besser, warum sie am Ende des Tages um 20 Uhr erschöpft bei den Kindern einschläft und kaum noch Zeit für Beziehungspflege hat. Und umgekehrt kann eine Frau, die das Gefühl hat, dass alles an ihr kleben bleibt, auch sehen, dass es durchaus Dinge gibt, die ohne ihr Zutun passieren, weil der Partner sie auf seiner persönlichen Mental-Load-Liste hat. Denn ja, die Waschmaschine hat ähnlich wie ein Trockner ein Flusensieb, das man regelmäßig säubern muss. Die meisten Frauen hören das das erste Mal, wenn so eine Liste erstellt wird. Auch tragen viele Männer dafür Sorge, dass zum Beispiel vor dem Urlaub das Auto bereit gemacht wird. Der Luftdruck der Reifen wird gemessen, der Ölstand geprüft, Wasser in der Scheibenputzanlage aufgefüllt, das Auto aufgetankt. Alles Aufgaben, die nötig sind und die wahrscheinlich genauso unsichtbar sind wie der tägliche Blick in den Wechselwäschesack oder ins kindliche Hausaufgabenheft.

Schritt 3: Regelmäßig planen

Wollt ihr Aufgaben und Verantwortlichkeiten besser verteilen, dann nehmt euch einmal in der Woche Zeit, die kommenden Tage zu planen. Vereinbart am besten einen festen, wiederkehrenden Termin, den ihr in den Kalender eintragt. Das ist wichtig, weil ihr so lernt, Informationen zu teilen – überhaupt zu lernen, wo man relevante Infos selbstständig finden kann, weil ihr euch also in den Details austauscht.

Als mein Partner und ich damit begannen, habe ich schnell festgestellt, dass ich es nicht schaffe, diesen Termin zu initiieren. Ich habe meinen Partner deswegen gebeten, dass er die Verantwortung für das Stattfinden dieses Termins wahrnimmt. Wir haben zwar Sonntag, 20 Uhr (ja, wir schauen keinen Tatort …) in den Kalender eingetragen, aber dann war ich oft so platt, dass ich nicht daran gedacht habe. Mein Partner hat dann an den Termin erinnert, wir haben uns aufgerafft oder aber einen zeitnahen Ersatztermin vereinbart und spätestens da die Wochenplanung in die Hand genommen.

Auch hatte ich oft so viel im Kopf und war so stark im Modus »Ach, das erledige ich geschwind alleine!«, dass ich nicht in der Lage war, unter dem rollenden Rad eine regelmäßige Planung vorzunehmen, die meinen Partner ausreichend involvierte. Eine schlechte Angewohnheit aus den Vorerfahrungen, die ich gemacht hatte, die ich aber nicht so leicht durchbrechen konnte. Für meinen Partner war die Wochenplanung damit auch ein wichtiger Anlass, mich vor dem Immer-und-immer-weiter-Planen zu bewahren.

Bei diesem Gespräch gibt es eine zentrale Frage: »Was steht diese Woche an?« Das hilft, um sich zu fokussieren. Denn ich zum Beispiel neige nach wie vor dazu, planerisch durchs Jahr zu galoppieren, als gäbe es kein Morgen. Kaum kommen wir im August aus dem Urlaub zurück, möchte ich den Sommerurlaub des darauffolgenden Jahres planen. Neigt sich der Sommer dem Ende zu, bin ich eigentlich schon in der Planung der Adventskalender und beschäftige mich mit der Frage, ob wir dieses Jahr den schönen künstlichen, strahlend weißen Weihnachtsbaum oder doch einen dieser natürlichen nehmen.

In eurer Wochenplanung sprecht ihr über alle Termine, die anstehen, und verteilt die Aufgaben. Der Clou: Ein oder eine Partner*in übernimmt im Idealfall nicht nur ein Stück der Aufgabe, sondern den ganzen Prozess. Ist eines eurer Kinder zu einem Kindergeburtstag eingeladen, weist ihr nicht nur die Aufgabe »Geschenk kaufen« zu, sondern auch: »Kümmere dich darum, dass unser Kind zum Kindergeburtstag kann«. Die verantwortliche Person klärt also:

- Wann und wo findet der Geburtstag statt?
- Bestätigt die Einladung bei den anderen Eltern
- Bringt ggf. in Erfahrung, ob es Geschenkewünsche gibt
- Denkt sich ein Geschenk aus und besorgt es
- Klärt, wie das Kind zum Geburtstag kommt
- Schreibt ggf. eine Abholvollmacht und stellt sicher, dass die bei der Erzieherin abgegeben wird
- Klärt, wie das Kind vom Geburtstag nach Hause kommt

Natürlich könnt ihr euch gegenseitig unterstützen und alles auf euren Alltag abstimmen. Aber ihr solltet euch abgewöhnen, dass ein Partner ein Convenient-Paket bekommt.

Stellt man zum Beispiel eine Einkaufsliste, basierend auf dem gemeinsam beschlossenen Essensplan, zusammen, dann weiß man entweder selbst, was noch im Schrank ist, oder steht auf und schaut nach. Man missbraucht seine*n Partner*in nicht dauerhaft als Gedächtnis, Dienstleister oder Gebrauchsanweisung.

Wenn einer mit den Kindern zum Schwimmunterricht geht, dann packt er selbst die Tasche, schaut selbst nach, wann das Kind im Schwimmbad sein soll etc.

Natürlich sollt ihr weiterhin liebevoll und großzügig miteinander umgehen, aber ernsthaft: Bezieht euren Partner regelmäßig in die Planung mit ein. Sonst ist am Ende nichts gewonnen. Denn ihr gebt sonst nur wieder einzelne To-dos ab, und die Verantwortung bleibt bei euch.

Eine Routine zu entwickeln, um in einem feststehenden Rhythmus auf die Themen zu schauen, die zu erledigen sind, hat viele Vorteile. Neben der tatsächlichen Verteilung von Aufgaben wird deutlich, was sonst so ungesehen nebenherläuft.

Wenn ihr euch auf einen Tag festgelegt habt, schreibt gemeinsam auf, was in der nächsten Woche ansteht. Man kann das auf Papier machen oder aber digital. Wir benutzen dazu Trello. Trello ist ein kostenloses Tool, in dem man sogenannte Boards anlegen kann.[9] Wir haben ein Board namens »Wochenplanung« und dort für jeden Tag eine Liste. Wir tragen dort ein, was an welchem Tag gegessen wird und wer kocht. In den einzelnen Kärtchen kann man Verantwortliche hinterlegen. Wir gleichen das Ganze mit unseren persönlichen Terminkalendern ab. Wir tragen außerdem alle Kindertermine ein. Auch wenn die regelmäßig sind. Also zum Beispiel Sport oder andere Freizeitaktivitäten. Wir notieren auch Wandertage, Elternabende, Klassenarbeiten. Daraus ergeben sich oft weitere To-dos: Wandertag bedeutet, dass das Kind einen Rucksack statt des Schulranzens mitnimmt. Der Rucksack enthält eine Trinkflasche, eine Brotdose, das Hausaufgabenheft und das Federmäppchen. Oft sind noch Fahrkarten zu besorgen, und es soll zusätzlich die Regenjacke eingepackt werden. Banalitäten für diejenigen, die solche Sachen seit Jahren planen. Wichtige Informationen für die, die das erst seit Kurzem machen.

Elternabend bedeutet dann auch nicht nur Anwesenheit, sondern auch mögliche Themen miteinzubringen (also vorher bei den Kindern abzufragen: »Gibt es etwas, das besprochen werden muss?«) und – noch viel wichtiger – dass die Informationen des Elternabends dann auch an den anderen Partner weitergegeben werden. Nur körperlich anwesend zu sein, ist keine Entlastung. Fragt die Partnerin: »Und, wie war's beim Elternabend?« und der Mann sagt: »Gut«, ist nicht wirklich etwas gewonnen. Zum To-do »Elternabend besuchen« gehört dann auch »Termine in den Terminkalender eintragen« und sich darum zu kümmern, dass sich daraus ergebende To-dos miteinander geklärt werden.

Es gibt also eine Menge zu besprechen. Zum einen: Was ist zu tun, und wer übernimmt es bis wann? Dann aber auch: Was folgt daraus? Gibt es Wechselwirkungen? Fehlen noch wichtige Informationen, um bestimmte Dinge in Angriff zu nehmen? Sind Absprachen mit weiteren Personen notwendig?

Parallel befüllen wir die App Wunderlist[10]. In dieser App kann man, wie der Name schon vermuten lässt, Listen jeder Art anlegen. Wir haben eine, die wir als Einkaufsliste verwenden.[11] Da schreiben wir rein, was eingekauft werden muss. Wir besprechen dazu aber immer das Konkrete: Bis wann geht wer was einkaufen? Wunderlist ist deswegen so schön, weil die Liste immer aktuell ist und beide darauf Zugriff haben. Man kann nämlich noch schnell Punkte draufpacken, während der oder die Partner*in schon im Supermarkt ist. Damit kann man ihn/sie verrückt machen (»??? Da war eben noch kein Rosenkohl drauf«) oder man sendet romantische Botschaften (»200 g Liebe«).

Auch hier musste ich umlernen. Während ich es für höchst sinnvoll halte, den kompletten Wocheneinkauf auf einmal zu machen, weil es eben jedes Mal 30 Minuten kostet, einkaufen zu gehen, findet mein Partner es angenehmer, kleinere Einkäufe zu machen. Kaufe ich ein, mühe ich mich also mit dem Omaziehwägelchen ab, muss aber nur einmal gehen – ist er dran, geht er eben drei bis vier Mal. Am Ende zählt, dass die Zutaten rechtzeitig eingekauft sind. Dem Partner eigene Lösungen zu gestatten, ist wichtig.

Wunderlist ist übrigens auch für andere Dinge total hilfreich. Wir haben dort zum Beispiel eine Liste, auf der wir notieren, was unsere spleenigen Kinder so essen. So müssen wir nicht immer wieder neu überlegen, was wir kochen, sondern schaufeln von da Ideen auf die Wochentagslisten in Trello.

Was bringt diese Wochenplanung? Sie dient dazu, die Aufgaben der kommenden Woche zu benennen und zu erledigen. Macht es am Anfang ganz genau, und besprecht auch Dinge wie »Paula muss nach dem Spielplatz immer kurz abgeduscht werden« oder »Von der Wasserflasche trinken immer mehrere Kinder im Kindergarten. Die meisten haben kleine Rotznasen. Deswegen bitte jeden Abend die Flasche gründlich reinigen«.

Ich kann mir gut vorstellen, dass hier einige Männer mit den Augen rollen werden. In den Abschnitten »Viele Wege führen nach Rom. Hauptsache, ankommen!« und »Diese 200 Dinge sind mir wichtig und dir?« gehen wir dazu noch ins Detail. Hier sei kurz gesagt: Hat die Frau sich bislang um alles gekümmert, hat sie einen Erfahrungs- und Kompetenzvorsprung. Diese Details dienen sozusagen der Einarbeitung. Läuft die Wochenbesprechung einige Zeit, kann man sich das in der Tat sparen. Es ist wie im Job. Man fängt neu an, bekommt Hinweise vom Vorgänger, und irgendwann geht man innerhalb seiner Jobbeschreibung seinen eigenen Weg.

Ihr schafft außerdem eine Routine, die einen dauerhaften Lerneffekt hat: Dadurch, dass alles benannt und besprochen wird, kann man für die nächsten Male schon Dinge vorhersehen, die bislang nebenher erledigt wurden. (Ja, auch die der Männer!) Saisonal zum Beispiel Sandalenkauf, Ferienbetreuung im Sommer, Kauf der Schulmaterialien im neuen Schuljahr, Klassenfahrt im Herbst, Winterstiefelkauf, Adventskalender, Adventskranz …

Ihr habt schon genug Termine? Einen braucht ihr noch. Lasst dafür das Bügeln ausfallen oder saugt zwei Mal weniger. Der nächste Schritt ist der wichtigste. Er nimmt im Laufe der Monate auch immer weniger Zeit in Anspruch. Wir haben uns anfangs circa einmal im Monat zusammengesetzt und sind jetzt bei unregelmäßigen vier bis sechs Monaten, um alles noch einmal in der Rückschau zu betrachten.

Schritt 4: Der Blick zurück

Nehmt euch – im Idealfall – einmal im Monat Zeit, um den Gesamtprozess zu beleuchten.

- Was hat gut geklappt?
- Was hat nicht so gut geklappt? Warum nicht?
- Was kann man nächstes Mal besser machen?
- Muss etwas umverteilt werden?
- Sind Aufgaben dazugekommen, die man der Einfachheit

halber übernommen hat, die man aber vielleicht nicht dauerhaft und unabgesprochen weiter machen möchte?

- Gibt es ätzende Aufgaben, die man ab und an tauschen will?
- Hat man sich bei den Aufwänden verschätzt? Was hat viel länger gedauert als angenommen?
- Und vor allem sprecht über Erwartungen. Oft macht ein*e Partner*in etwas, weil er/sie denkt, der/die andere würde das erwarten. Wenn ihr solche Themen findet, schmeißt sie von eurer To-do-Liste oder bearbeitet sie so, dass am Ende beide damit zufrieden sind.
- Sind die Kinder alt genug, um Aufgaben eigenverantwortlich zu übernehmen? Wenn ja, welche?
- Sprecht darüber, was euch wichtig ist. Euch ist der selbst gebackene Geburtstagskuchen wichtig? Dann wird das ernst genommen.
- Sprecht darüber, wie ein fertiges Ergebnis in euren Augen aussieht. Legt Mindeststandards fest. Aber verabschiedet euch vom Mikromanagement (im Abschnitt »Viele Wege führen nach Rom. Hauptsache, ankommen!« kommen wir noch ausführlich auf dieses Thema zu sprechen).
- Welche Aufgaben kann man allgemein streichen? Welche durch einfachere Varianten ersetzen? Welche kann man outsourcen (sofern die finanziellen Mittel dafür da sind)?

Ihr habt euch jetzt zusätzliche Zeit vom Alltag abgeknapst. Was sind die Effekte? Ihr optimiert eure Liste, die Aufwände werden realistischer, Unbeliebtes schleppt sich nicht für immer durch den Alltag und sorgt für Frust. Und allem voran: Ihr sprecht miteinander. Außerdem sprecht ihr über Schwierigkeiten oder Spannungsthemen, bevor ihr total frustriert und sauer seid, sodass ihr eigentlich nicht mehr vernünftig und konstruktiv darüber sprechen könnt. Wenn sichtbar wird, wie viel Arbeit in einem reibungslosen Familienalltag steckt, dann schafft das Wertschätzung und Verständnis. Es muss gar nicht euer Ziel sein, wirklich 50/50 zu erreichen. Aber Wertschätzung und Dankbarkeit zu fühlen, für das, was man leistet, gibt viel Kraft zurück.

Seid ihr die Schritte 1 bis 4 gegangen, dann habt ihr jetzt ein Grundsystem geschaffen, mit dem ihr gut durch den Alltag kommt. Ich möchte darüber hinaus einige Denkanstöße geben und einige der oben aufgezählten Themen vertiefen.

Denn das Problem am Mental Load ist die begrenzte Kapazität. Die Energietorte. Die allerwenigsten Tricks setzen bei der eigenen Torte an. Die eigentliche Entlastung kommt erst, wenn wir die Aufgaben und Verantwortlichkeiten, die jetzt noch auf den Schultern einer Person lasten, auf zwei Personen verteilen. Jedes Umverteilen ist ein Gewinn. Wir müssen gar nicht streng die Hälfte rüberschaffen. Es geht darum, sich zu entlasten, und das funktioniert, indem man die zur Verfügung stehende Energie erhöht. Dafür müssen wir die des Partners mit einbeziehen.

Mehr Energie bekommt man nur durch Tricks. Entweder weil man Aufgaben (bezahlt) auslagert, indem man zum Beispiel eine Putzhilfe einstellt, die bestimmte Dinge übernimmt, oder beispielsweise einen Staubsaugerroboter kauft, der die Böden krümelfrei hält. Mental Load wird mitnichten durch die Einführung eines besseren Organisationssystems weniger. Finger weg von mehr Effizienz! Selbst wenn es gelingt, Energie einzusparen, die oberste Regel lautet: Gewonnene Zeit auf keinen Fall mit zusätzlichen To-dos vollpacken! In diese Falle solltet ihr nicht tappen.

URSACHEN BEKÄMPFEN: WIE MAN VERANTWORTUNG LOSWIRD

Man kann nicht gleichzeitig hundertprozentige Berufsfrau, hundertprozentige Mutter, hundertprozentige Partnerin sein … dann wird man ein dreihundertprozentiges Wrack!

Renate Schmidt, ehemalige Familienministerin

Das vorangehende Kapitel hat uns eine Routine in die Hand gegeben, um den Alltag zu bewältigen und den Mental Load im Blick zu behalten. Das ist ein wichtiger und guter Schritt in die richtige Richtung. Das Thema ist aber viel komplexer, und es gibt viele Anregungen, die helfen, das Phänomen Mental Load besser zu verstehen und in den Griff zu bekommen. Oft wird zum Beispiel übersehen, dass eine Familie nicht nur aus den Erwachsenen besteht, sondern dass die Kinder, zumindest wenn sie keine Kleinkinder mehr sind, auch Teil des Systems sind und somit eingebunden werden können.

Was ist eigentlich mit den Kindern?

Mir ist wichtig, dass unsere Kinder uns als Familienteam verstehen. Sie sollen lernen, dass nicht ich die Verantwortung für alles trage, sondern dass jeder in seinem Maße Verantwortung für sich selbst und auch mal für andere tragen kann. Das ist natürlich altersabhängig, und man muss den Kindern nicht zu viel zumuten. Allerdings gibt es spätestens ab dem Schulalter Dinge, in die ich mich nicht mehr einmische. Ich unterstütze, das natürlich, aber ich fühle mich zum Beispiel nicht dafür verantwortlich, ob die Kinder ihre Hausaufgaben machen oder nicht. Zum Ärger unserer Lehrer*innen übrigens. Die finden selbst in der weiterführenden Schule, dass vor allem ich dafür verantwortlich bin, meine Kinder ständig zum Lernen, zum Hausaufgabenmachen und zur Ordnung aufzufordern. Viele Lehrer*innen und Erzieher*innen halten übrigens die Väter nicht für gleichermaßen verantwortlich. Warum nur? Auch hier könnt ihr gemeinsam als Paar arbeiten. Hinterlegt auch die Telefonnummer des Vaters auf dem Zettel mit den Notfallkontakten. Wechselt euch bei Elternabenden ab. Streicht passiv-aggressiv das Wort »Muttiheft« durch und schreibt groß »Elternheft« drüber.[1]

Ansonsten lasst die Kinder, so weit es geht, die Verantwortung für die eigenen Themen übernehmen. Für mich gilt da die Bauernregel: »Was Hänschen nicht lernt, lernt Hans nimmermehr.«

Direkt nach der Einschulung ist das natürlich anders, aber irgendwann sollten sich die Kinder selbst kümmern können. Sie lernen, die Zettel der Schule weiterzugeben, sie sind in der Lage, auf den Kalender zu schauen und Zusammenhänge zu erkennen (Wandertag = Rucksack statt Schulranzen, Sport im Stundenplan = Sportsachen mitnehmen etc.). Ich denke, nur wenn sie die Konsequenzen ihres Tuns oder Nichttuns erleben, lernen sie dabei, beim nächsten Mal besser zu planen und/oder sich verantwortlich(er) zu fühlen.

Sie wissen im Übrigen auch, dass sie, sofern sie zu 80 Prozent ihre eigenen Aufgaben erledigen, in den anderen 20 Prozent darauf zählen können, dass wir Eltern Himmel und Hölle in Bewegung setzen, um sie auch kurzfristig zu unterstützen. Da wird dann nicht geklagt, und es gibt keine Vorwürfe. Wenn dem Kind drei Minuten bevor es morgens aufbricht einfällt, dass es etwas fürs Klassenfrühstück braucht, dann wirft einer von uns seine Jacke über und eilt mit zur Bäckerei, oder wir Eltern stellen in 2,5 Minuten noch schnell ein halbes Pfund Karottensticks her: »Wie gut, dass dir das noch eingefallen ist. Nächstes Mal einfach noch früher daran denken.«

Andere die Verantwortung tragen zu lassen, heißt im Gegenzug nicht, dass man sie immer alleinlässt.

Was für die eigenen Themen gilt, gilt genauso für die gemeinsamen Themen. Weder mein Partner noch ich sind die selbstverständlichen Dienstleister*innen der Kinder. Wir sind ein Team. Damit am Abend Essen auf dem Tisch steht, helfen alle mit. Wir haben zum Beispiel auch einmal grundsätzlich geklärt, dass es vor allem Kinderwunsch ist, dass wir abends warm essen. Für mich wäre das nicht unbedingt nötig. Mir reichen Stullen. Denn in der Schule gab es schon warmes Essen. Das finden die Kinder aber nicht so lecker, und sie wünschen sich deswegen abends eine gekochte Familienmahlzeit. Das ist erheblich mehr Planungs-, Logistik- und Herstellungsaufwand als ein paar Brote. Deswegen geht das nur, wenn die Kinder auch Teil der Herstellungskette sind. Sie sollen deswegen Vorschläge für den Essensplan machen, sie müssen auch mal einkaufen (vor allem, wenn etwas vergessen wurde oder die Erwachsenen eine bestimmte Zutat im Supermarkt nicht bekommen haben, sodass man in einen zweiten Laden müsste), sie helfen selbstverständlich beim Kochen, beim Tischdecken und beim Abräumen.

(Natürlich machen auch unsere Kinder das nicht ohne Protestrufe wie »Kinderarbeit!«. Ich habe zu meiner eigenen Entspanntheit ein Mantra, das ich irgendwo mal gelesen habe. Es lautet: »Kinder müssen im Haushalt helfen. Sie müssen aber nicht lächeln dabei.« Quelle leider unbekannt.)

Neben der geteilten Verantwortung und der Aufteilung von To-dos hat das einen weiteren Vorteil: Sie erwerben dabei Kompetenzen für Dinge, die sie später ohnehin brauchen. Was Haushaltsdinge angeht, wissen sie so gut wie alles. Ich lasse sie nicht alles (unbeaufsichtigt) machen. Mit kochendem Wasser und heißem Öl bin ich etwas ängstlich, aber die Kinder können kochen: Rührei, Bratkartoffeln, diverse Nudelgerichte, Pizza, Flammkuchen, Dressings für Salate, Pfannkuchen, Ofengemüse, unterschiedliche – teilweise sehr aufwendige – Kuchen (Danke an YouTube an dieser Stelle) etc. Sie kennen sich mit Wäsche aus, können alleine einkaufen, Dinge schälen und klein schneiden, putzen, saugen, Tisch decken, Festtagstafeln schmücken, staubsaugen, Böden wischmoppen, Wäsche aufhängen, falten … was man eben so macht im Haushalt.

Der Clou: Sie wollten schon von klein auf mithelfen. Ich glaube, alle Kleinkinder wollen das. Sie wollen sich einbringen, sie wollen lernen, sie wollen Erwachsene nachahmen. Natürlich ist das am Anfang etwas anstrengend, weil sie rein motorisch vieles noch nicht so gut können. Beim Backen gehen Eier daneben, das ganze Kilo Mehl wird in der Küche verstäubt, beim Bodenwischen kann man hinterher nur noch in Gummistiefeln durch die Wohnung, und nach 30 Minuten Staubsaugen sieht es nicht wesentlich sauberer aus als vorher.

Mit zunehmendem Alter lässt der Enthusiasmus, zugegeben, etwas nach. Bei mir aber auch, und das müssen die Kinder verstehen. Ich gehe in Haushaltstätigkeiten nicht auf. Ich koche gerne für Freunde, aber hinterher aufräumen und putzen, na ja. Es gibt vieles, das ich in meinen geschätzten zwei Stunden, die ich täglich an »Freizeit« habe, lieber mache. Ich sehe es überhaupt nicht ein, dass ich diese Zeit für Haushaltsarbeiten investiere, und bestehe deswegen auf Unterstützung.

Die ältere Generation scheint das befremdlich zu finden. Oft habe ich früher gehört (auch in anderen Kontexten) »Der arme Junge!«, weil mein Bonus-Sohn[2] mal Tisch decken oder schmutziges Geschirr in die Spülmaschine räumen musste. Komischerweise habe ich nie »Das arme Mädchen!« gehört, wenn es um die Tochter ging, und da sind wir auch schon beim nächsten Punkt: der lebensfähige Mann.

Erst neulich hat mir ein Bekannter erzählt, dass er bis ins Erwachsenenalter nie selbst gekocht hat. Als er dann seine Mutter anrief, um zu fragen, wie lange man Kartoffeln kochen müsse, hat die ins Telefon gelacht: »Bisse fertich sin'!«, und aufgelegt. Humorvolle Verweigerung ist eben auch ein Weg, den Mental Load anderer nicht (mehr) zu übernehmen.

Jeder Mann kann!

Immer wieder werde ich gefragt: »Wie leicht ist es dir gefallen, Verantwortung abzugeben?« Die ehrliche Antwort ist: Am Anfang ist es mir schwergefallen, manchmal tut es das noch, aber es geht immer leichter.

Es stellt sich allerdings die Frage: Warum ist es überhaupt schwer, Verantwortung abzugeben? Ganz einfach: Wenn man Sachen andauernd macht, identifiziert man sich nach und nach damit und zieht aus der perfekten Abarbeitung und dem Ergebnis einen gewissen Selbstwert. Viele Frauen, so Gemma Hartley in *Es reicht*, assoziieren zum Beispiel ein sauberes Zuhause mit persönlichem Erfolg.[3] Aus dem Job kennt man das auch. Wenn man eine Aufgabe sehr lange macht, identifiziert man sich mit ihr. Hat man zu viele Aufgaben und bittet die oder den Vorgesetzte*n, Aufgaben abgeben zu dürfen, fühlt man sich seltsam, wenn man eine andere Person dabei beobachtet, wie diese eine Aufgabe übernimmt, die man vorher selbst gemacht hat.

Den gesellschaftlichen Erwartungen entsprechend, fühlen sich viele Frauen per se für den Haushalt verantwortlich. Frauen sind für Ordnung und Sauberkeit zuständig. Ist eine Wohnung chaotisch und unaufgeräumt, hat die Frau sich nicht gekümmert. In der Regel kommen Besucher*innen nicht auf die Idee, dass der Mann nicht aufgeräumt hat. Diesen Erwartungen und Rollenbildern müssen wir uns aktiv verweigern. Das geht auf zweierlei Wegen:

Erstens, indem wir uns selbst nicht unnötig stressen. Heute ist einer dieser Tage? Peak-Autonomiephase? Tausend Termine? Oder vielleicht nur der womöglich letzte warme Sommertag, und ihr habt Lust, länger auf dem Spielplatz zu bleiben? Es gibt viele Gründe, warum man gerade keine Zeit zum Putzen hat. Wenn also der Tag schon anderweitig verplant ist, dann steht Sauberkeit eben hintenan. Punkt. Das kann man bewusst und aus vollem Herzen entscheiden. Befreit euch von den Sauberkeits- und Putzerwartungen Außenstehender. Es mag Tradition sein, dass unsere Mütter geputzt haben und davor unsere Großmütter und Urgroßmütter. Aber wie habe ich es neulich so schön auf einer Spruchkachel auf Facebook gelesen: »Tradition (n.) – Peer pressure from dead people.«[4]

Bei mir hat wirklich ein Einstellungswandel stattgefunden. Wie ich im Abschnitt »Perfektionismus ade!« bereits geschrieben habe: Sich lediglich mit Chaos und Schmutz abzufinden, würde bedeuten, weiterhin die dahinterstehende gesellschaftliche Norm »Wohnungen müssen immer sauber und aufgeräumt sein« zu akzeptieren. Ich habe mit dieser Erwartung gebrochen und wertschätze meine krümeligen Böden als Freiraum. Die Zeit, die ich hier nicht investiere, habe ich an anderer Stelle für schönere Dinge übrig. Das zu erkennen, ist sehr wichtig – denn nur so bin ich das Schuldgefühl losgeworden, keine gute Hausfrau zu sein. Heute habe ich diesbezüglich keinerlei schlechtes Gewissen mehr. Was stehen bleibt, bleibt stehen. Spüle und Dreck sind geduldig.

Der zweite Weg ist, andere Mütter (und Väter) nicht zu stressen, indem wir zum Beispiel den Sauberkeitsstatus nicht kommentieren oder sogar aktiv loben: »Mir tut es richtig gut, zu sehen, dass eure Böden auch so krümelig sind wie bei uns« oder, sofern (und das passiert wirklich oft) sich unsere Gastgeber*innen für den Zustand ihrer Wohnung entschuldigen, entschieden auftreten und widersprechen: »Bitte entschuldige dich nicht! Ich weiß doch genau, wie das ist. Bei uns sieht es auch so aus, und das ist mir wirklich egal. Ist doch viel schöner, dass wir uns jetzt Zeit zum Kaffeetrinken nehmen, statt jede für sich die Wohnung zu putzen.«

Und wenn es euch möglich ist: Kauft einen Staubsaugerroboter. Dem beim Arbeiten zuzuschauen, ist sehr entspannend.

Aber weg vom Putzen. Unabhängig von der Art der Aufgabe sammelt man mit Wiederholung des Immergleichen auch Erfahrungen. Man wird stetig besser und baut Kompetenzen auf. Hundertmal Windeln wechseln ermöglicht Windeln wechseln in 50 Sekunden, auch wenn das Kind dabei strampelt und einen Wickelbody mit 17 Knöpfen trägt. Es ist normal, dass derjenige, der eine Sache regelmäßig macht, sie besser kann. Das ist auch so, wenn man Lampen anbringt. Hat man es noch nie gemacht: großes Mysterium mit einem Hauch Lebensgefahr (Strom)! Wenn man es ein paar Mal gemacht hat: eine ungefährliche Sache von drei Minuten. Auch optimiert man Dinge fast automatisch, wenn man sie immer und immer wieder tut. Am Ende glaubt man, die perfekte Lösung gefunden zu haben.

Darum ist es schwer, Aufgaben rotieren zu lassen. Denn wenn ich mich um Dinge kümmere, die ich sonst nicht mache, dann dauert alles drei Mal so lange. Und vielleicht geht es manchmal sogar schief. Im modernen Familienalltag kämpft man ständig gegen die Uhr. Da ist es naheliegend, zu sagen: »Komm, ich mach das schnell!« Doch schon zehn Mal »Ich mach das schnell!« führen nicht selten dazu, dass man es für immer macht. Auch wenn es eigentlich mal Zeit für den anderen wäre. Das Schnell-mal-Machen verwehrt dem Partner die Möglichkeit, Erfahrung und Kompetenzen aufzubauen. Achtet deswegen darauf, das nicht zu oft zu praktizieren. Vor allem nicht dann, wenn der Partner schon angefangen hat, etwas zu tun, das ihr sonst macht. Es ist erniedrigend für den anderen, wenn man ungeduldig danebensteht und ihm schließlich die Arbeit aus der Hand reißt, weil es nicht schnell genug geht oder weil etwas nicht »richtig« ist.

So etwas regelmäßig zu machen, kann sogar sehr negative psychische Auswirkungen haben. Man nennt es »erlernte Hilflosigkeit«. Aufgrund wiederholter negativer Erfahrungen kann es passieren, dass ein Mensch zu der Überzeugung kommt, dass er nichts kann und dies auch noch selbst verschuldet hat. Wenn beim Streiten Sätze wie »Egal, was ich mache, es ist ja doch nicht richtig« fallen, sollte man hellhörig werden. »Die subjektive Erwartung, auch in neuen Situationen hilflos zu sein […], hat motivationale (Passivität) und emotionale Beeinträchtigungen zur Folge«[5], so das Hogrefe-Online-Lexikon. Das heißt also, dass dieser Mensch immer weniger motiviert sein wird, mit anzupacken, und sich immer mehr zurückzieht. Das Gegenteil von dem, was man eigentlich möchte.

Im Abschnitt »Wenn Excellisten Beziehungen retten« habe ich auch gesagt, dass »Jeder macht, was er am besten kann« strategisch unklug ist. Denn viele dem Rollenklischee nach »*typisch* männliche« Aufgaben kommen selten über das Jahr oder den Monat verteilt vor, wohingegen die »*typisch* weiblichen« Aufgaben fast jeden Tag stattfinden. Unter einem Instagram-Post[6] der Userin @kleinliebchen kann man sich diese Aufgaben zusammensuchen, da es dort um Männer geht, die im Haushalt nichts machen. In den Kommentaren zählen Frauen auf, was ihre Männer neben ihren 40 Stunden Erwerbsarbeit statt der regelmäßigen Hausarbeit machen: handwerkliche Tätigkeiten, Rasen mähen, Auto in die Werkstatt bringen, Mülltonnen auf die Straße stellen, neue TV-Geräte programmieren. Diese Arbeitsteilung kann dann durchaus wundersame Blüten treiben und Kinderärzte zum Staunen bringen: »Als Kinderarzt erlebt man immer wieder überraschende Situationen. Mutter krank, also holte der Vater den Säugling aus der Klinik ab. Nach der Untersuchung sollte er ihn wieder anziehen, stand aber völlig hilflos davor: ›Ich hab das noch nie gemacht.‹ Es war sein viertes Kind.«[7]

Abwechseln bringt Abwechslung

Wechselt euch deswegen ab. Macht nicht immer nur, was ihr am besten könnt. Macht auch mal etwas, worin ihr nicht gut oder gar (nicht) gut seid. Ich kann empfehlen, am eigenen Erfahrungsmangel zu arbeiten. Lasst den Mann Kindergarten- und Schulbuffets bestücken, und recherchiert dafür, welche fernsteuerbaren Rauchmelder im Moment die besten am Markt sind. Tauscht also Aufgaben. Dann lernt jeder Partner etwas und macht Erfahrungen, die oft sehr erleuchtend sind. So erscheint die Aufgabe »Mach einen U-Termin beim Kinderarzt aus« lächerlich einfach, wenn man das noch nie gemacht hat. Wenn man dann aber vier Tage hintereinander siebenmal am Tag während der Arbeitszeit versucht, bei der Kinderarztpraxis überhaupt durchzukommen, na ja, dann versteht man, was das für eine be****** Aufgabe ist.

Das Abwechseln der Aufgabenfelder ermöglicht es einerseits, sich in die Lage des anderen zu versetzen. Andererseits werden so nach und nach Kompetenzfelder aufgebaut. So ist es viel leichter, sich auf Augenhöhe zu begegnen.

Ein weiterer Vorteil des Aufgabentauschs: Ihr lebt euren Kindern keine Rollenklischees vor. Wenn der Vater loszieht, um Geschenke für Kindergeburtstage zu kaufen, und stundenlang recherchiert, wie denn nun die Einschulungstorte aussehen soll, während die Mutter die Geräte-Updates macht und sich überlegt, wie man redundante Back-ups automatisiert, dann lernen die Kinder: Es hängt nicht an der Chromosomenausstattung, wer welche Aufgabe übernimmt. Ihr zeigt den Kindern, dass sie grundsätzlich alles können. Zugegeben, das Tauschen reduziert nicht unbedingt den Mental Load. Aber die Abwechslung ist erleichternd. Und schafft Verständnis. Endlich mal von anderen Sachen genervt sein!

DIY, aber ohne Basteln

Das Gedächtnis hat einen tollen Trick. Damit es sich nicht mit unnötigem Ballast beschwert, merkt es sich lieber den Ort als den Inhalt einer Information. Konkret heißt das: Wenn der Partner gelernt hat, dass die Partnerin alle Informationen hat, dann merkt er sich nicht die Informationen selbst, sondern lediglich »Das weiß meine Partnerin«. Soll im Alltag dann etwas erledigt werden, wofür bestimmte Infos notwendig sind, wird ständig nachgefragt: »Wo ist die Jacke?«, »Wann ist Wandertag?«, »Wo kommen die passierten Tomaten hin?«. Das belastet die Auskunftgebende, denn sie ist weiterhin für alles verantwortlich, und obwohl sie die Information weitergibt, wird sie das nächste Mal wieder genau dasselbe gefragt.

Was lernen wir daraus? Erstens: Der Partner macht das nicht aus Boshaftigkeit. Das menschliche Gedächtnis funktioniert eben so. Zweitens: Wenn man das einmal begriffen hat, kann man es ändern. Wie ändert man es? Ganz einfach. Gebt keine Infos raus, wenn nicht aktiv danach gefragt wird, und vermeidet am besten, dass ihr überhaupt gefragt werden könnt. Das klingt erstmal komisch, aber es hilft. Konkretes Beispiel aus dem Alltag: Wir backen morgens oft Laugenbrezeln auf, die die Kinder mit in die Schule nehmen.

Situation 1: Ich kümmere mich um die Brezeln. Denn ich weiß, was die Kinder in der Schule essen und was nicht.

Situation 2: Mein Partner und ich kümmern uns gemeinsam ums Frühstück. Während ich die Wasserflaschen auffülle, geht mein Partner zum Tiefkühlschrank, holt die Brezeln raus, und ich sage ihm, weil ich es schon hundert Mal gemacht habe: »Man muss die Brezeln erst zehn Minuten antauen lassen, dann mit Salz bestreuen und dann bei 180 Grad für zwölf Minuten in den Ofen geben.« Mein Partner macht es genau so und wird nächstes Mal vermutlich fragen, wie man noch mal die Brezeln macht.

Machen wir es dauerhaft wie oben geschildert, ändert sich nie etwas. Die Entlastung kommt erst, wenn mein Partner sich ohne meine Hilfeleistungen um die Brezeln kümmert.

Situation 3: Mein Partner und ich kümmern uns gemeinsam ums Frühstück. Mein Partner holt die Brezeln aus dem Tiefkühlschrank und schaut auf die Packung, wie man sie zubereitet. Ich sage nichts.

Pscht. Nein. Ich weiß es, und ich hab meinen Partner lieb, aber ich sage nichts. Das fällt mir nicht leicht … aber … mein Partner findet es selbst heraus, denn ja, er hat alle Kompetenzen, die man dafür braucht, backt die Brezeln auf, und kaum hat er es drei Mal gemacht, weiß er es wie ich, ohne auf die Verpackung zu schauen.

Wenn man sich abwechselt, lernt man auch alles. Wenn mein Partner mit Frühstückmachen dran ist, bin ich nicht in der Küche. Macht er etwas anders als ich und die Kinder mosern rum, dass sie doch sonst immer Salz auf den Brezeln haben und heute nicht, sage ich: »Heute hat sich euer Bonus-Papa ums Frühstück gekümmert. Beschwert euch bei ihm. Dann denkt er nächstes Mal dran.«

So geht umlernen. Was das ausführliche Beispiel zeigen sollte: Beide Partner müssen umlernen. Derjenige, der sonst alles macht und für alles verantwortlich ist, muss das Abgeben lernen. Und derjenige, der die Dinge sonst nicht macht, muss die Abläufe und die Umsetzung kennenlernen. Er ist verantwortlich und bekommt auch das Feedback zum Arbeitsergebnis.

Diese Übergangsphase nimmt Zeit in Anspruch. Aber ihr investiert jetzt ein Mal und spart hinten raus für immer Zeit.[8]

Das Ganze funktioniert übrigens auch online. Einfach mal nicht sofort antworten, und die Familie macht eigene Lernfortschritte.

Ich weiß nicht wofür die
8 Euro sind und ich hab es auch
nicht auf dem Schirm.
Help? 8:00

Wir sind drauf gekommen.
:D 8:20

Viele Wege führen nach Rom. Hauptsache, ankommen!

Ein Nebeneffekt des »Wer Dinge öfter tut, kann sie besser« ist der Irrglaube, dass man DIE perfekte Lösung gefunden habe. Im eigenen Universum handelt es sich vielleicht wirklich um die perfekte Lösung, keine Frage. Nur eben nicht im gemeinsamen Universum. Denn viele Wege führen nach Rom, und es gibt oft keinen objektiv richtigen Endzustand. Einen Mindeststandard gibt es sehr wohl – das eine perfekte Endergebnis hingegen nicht.

Beliebtes Beispiel in meinem Freundeskreis: der Kinderschuh-Kauf. Eine ätzende, lästige, immer wieder anstehende Aufgabe. Ich kenne viele Männer, die versucht haben, sich dieser Aufgabe anzunehmen, und dabei kläglich gescheitert sind. Sie kommen mit – Zitat – *hässlichen Schuhen* nach Hause. Deswegen werden die Schuhe zurückgebracht, und zukünftig geht wieder die Mutter Schuhe kaufen. So. Hässliche Schuhe also. Was genau ist aber hässlich? Bedeutet hässlich, dass frau es doch lieber selbst macht? Für immer? Hässlich nach wessen Maßstab? Und was sagen die Kinder?

An solchen Aussagen merke ich schon, dass es manche Männer nicht unbedingt leicht haben. Andererseits sind die Bewertungen der Frauen manchmal durchaus berechtigt. Ich habe das Gefühl, dass sich manche Männer auch extra blöd anstellen, um sich langfristig von der Verantwortung des Schuhkaufs wegzustehlen. Dem Kind sandalenähnliche Schuhe zu kaufen, wenn man loszieht, um Winterschuhe zu besorgen, ist halt wirklich ein bisschen doof. Gemma Hartley schreibt in *Es reicht*: »Eine 2011 in Großbritannien durchgeführte Studie fand heraus, dass 30 Prozent der Männer bei der Hausarbeit absichtlich schlamperten, damit sie künftig nicht noch einmal darum gebeten wurden.«[9]

Mir ist das Aussehen der Schuhe wumpe. Sie müssen den Kindern zusagen, sollen nicht drücken und eine angemessene Zeit überleben. Fertig. Ich hasse Schuhkauf, und ich liebe meinen Partner dafür, dass er die Nerven hat, mit den Kindern Schuhe kaufen zu gehen. Zack, Schuhkauf von der Arbeitsliste gestrichen, und wenn ich meinen Partner dann auch noch frage: »Kannst du dich zukünftig um das Thema Schuhe kümmern?«, und er sagt »Ja« – dann kann ich, zack, Schuhkauf von der Mental-Load-Liste streichen. Ich muss nicht ständig dran denken: »Jetzt wird es Frühling, wir brauchen neue Sandalen«, »Orrr, die Kinder sind wieder so gewachsen, die brauchen wieder neue Schuhe« oder »Passen die Sportschuhe eigentlich noch?«. Nein! Dafür ist mein Partner zuständig, und wenn die Kinder das wissen, dann gehen sie zu ihm, wenn sie selbst merken, dass sie neue Schuhe brauchen.

Wir Mütter mit Kompetenzvorsprung müssen lernen, den Vätern etwas zuzutrauen. Denn, ganz ehrlich, viele Männer wissen, dass man im Winter warme Schuhe kauft. Wenn sie so etwas Grundlegendes nicht hinbekommen, dann stellen sie sich doof.

Natürlich klappt nicht alles von Anfang an so, wie man es vielleicht selbst nach mehreren Jahren Erfahrungsvorsprung erledigen kann. Aber viele Themen bekommen Männer auch ganz ohne Vorgaben hin. Schuhkauf ist da noch die leichteste Übung.

Haha! Guck mal, wie mein Mann unseren Sohn angezogen hat

Sich aber über angeblich inkompetente Männer beziehungsweise Väter lustig zu machen, wie es tatsächlich oft im Internet zu sehen ist, zum Beispiel auf Instagram, wenn Fotos von Kindern gepostet werden, die von ihren Vätern »bescheuert« angezogen wurden, ist da nicht hilfreich.

Persönlich finde ich das sogar unmöglich. Denn wem genau hilft es, sich darüber lustig zu machen, dass ein Vater, der sich an der Familienarbeit beteiligt, ein Kind nicht so anzieht, wie die Mutter es für richtig hält? Im besten Fall befindet er sich gerade in der Steilphase seiner Lernkurve.

Sofern wir alle Aufgaben und die Verantwortung besser zwischen den Geschlechtern aufteilen wollen, ist die Zurschaustellung von ersten Gehversuchen absolut kontraproduktiv.

Das Klischee des inkompetenten Vaters, des »Idiot Dads«, ist übrigens auch ein beliebtes Film- und Serienbild. Viele kennen vermutlich Homer Simpson von den »Simpsons« oder Phil Dunphy aus der Serie »Modern Family«. Der Idiot Dad, der den Kindern T-Shirts anzieht, wenn es Minusgrade hat, der den Wollpullover bei 90 Grad wäscht, der sich und die Kinder eine Woche mit Pommes ernährt, wenn die Frau verreisen muss (oder vorgekocht bekommen muss, weil er gar nicht weiß, wie man den Ofen anstellt).

Vielleicht machen sich manche über Väter lustig, weil dieses Klischee so stark ist. Dabei ist es in unser aller Interesse, solche Klischees nicht immer wieder zu reproduzieren.

Auf der anderen Seite ist dieses Sich-lustig-Machen vielleicht auch ein Coping-Mechanismus von Frauen, die wirklich keine Unterstützung erfahren, weil sie Männer haben, die sich kaum beteiligen und sich dabei auch noch witzig finden: »Wir haben die perfekte Arbeitsteilung gefunden: Meine Frau kocht und macht sauber, ich esse und mache Dreck.«[10] Vielleicht kann man es den Frauen dann am Ende doch nachsehen, dass sie, sofern sich dieses Exemplar Mann dazu herablässt, die Kinder ausnahmsweise anzuziehen, doch Fotos von komisch angezogenen Kindern posten, um nicht zu verzweifeln?

Die Kunst liegt wahrscheinlich darin, beim eigenen Partner zu differenzieren, ob er nicht kann, ob er nicht will oder ob er sich absichtlich tollpatschig anstellt. Nicht können heißt dann aber immer »noch nicht können«. Solange er will und ihm die Erfahrung fehlt, sollten wir nachsichtig sein, eigene Wege zulassen und uns auf keinen Fall über ihn lustig machen.

Diese 200 Punkte sind mir wichtig – und dir?

Wie heißt es im Englischen so schön: »Choose your battles!« Man muss und kann nicht alle Kämpfe führen und gewinnen. Deswegen fragt euch: Wo wollt ihr unbedingt mitbestimmen? Wo ist es wichtig, dass das Ergebnis eine bestimmte Ausprägung hat? Und die wichtigere Frage ist tatsächlich: Wo nicht?! Macht euch vielleicht wirklich eine Liste. Markiert sie farblich. Bei Rot besprecht ihr den Rahmen und erläutert auch, warum es wichtig ist, dass das Ergebnis so und nicht anders ist. Orange heißt, ihr sagt erst mal nichts und schaut, ob ihr mit anderen Ergebnissen leben könnt. Grün heißt, das Ergebnis kann so oder so sein, ihr werdet es einfach annehmen.

Schauen wir auf den Vorgang »Kinder abends ins Bett bringen«. Da ist für mich der Punkt »Zähne putzen« rot, orange ist der Zeitkorridor »Zwischen 19.30 und 21.30 Uhr« und grün »Kind trägt seinen Schlafanzug«. Diese Differenzierung muss man als ehemalige Hauptverantwortliche üben. Die roten Themen zu finden, ist deswegen in der Regel leichter, als die grünen zu identifizieren. ABER: *Es ist nicht alles gleich wichtig.* Weder für euch noch für den Partner und auch nicht für die Kinder. Mein Partner faltet Wäsche anders als ich. Er faltet sie viel genauer und streicht jedes Teil sorgfältig aus. Insgesamt hat die Wäsche weniger Falten. Er hat aber noch nie an meiner Art, Wäsche zu falten, rumgemäkelt. Beim Wäschewaschen wiederum hat er mich gebeten, seine Motivshirts immer auf links zu drehen und nicht wärmer als 30 Grad zu waschen. Eigentlich hätte er auch gerne, dass sie nicht mit 1400 Umdrehungen geschleudert werden, mir ist die Wäsche dann aber zu nass. Eine Wäscheladung T-Shirts kommt bei uns eher selten zusammen. Also schleudern wir mit 1400 Umdrehungen, waschen aber auf links und mit 30 Grad. Wir haben eben gelernt, über Prioritäten zu reden, und vor allem nehmen wir einander ernst. Er liebt seine Motivshirts, also behandle ich sie extra pfleglich. Genauso kommt er mir bei anderen Themen entgegen. Es ist wichtig, dem Partner zu ermöglichen, eigene Lösungen zu entwickeln und seinen eigenen Stil zu pflegen.

Der Clou liegt darin, sich vorher auf Mindeststandards zu einigen. Macht das mithilfe des vorher beschriebenen Ampelsystems (rot = muss so sein; orange = hmpf, na ja, ich schau's mir mal ohne Kommentierung an; grün = Details egal) oder einfach, indem ihr euch unterhaltet. Es ist eben wichtig, Weg und Ziel zu unterscheiden. Denn wenn ihr euch über die Ziele geeinigt habt (Rom!), dann kann jede*r seinen Weg dorthin frei wählen.

(Einen Zahn muss ich leider noch ziehen: Wenn man es geschafft hat, sich auf gemeinsame Standards und Ziele zu einigen, heißt das leider nicht, dass die für immer so gelten. Die Rahmenbedingungen ändern sich, die Kinder werden älter, der Job wandelt sich, ihr habt plötzlich eine Katze und zwei Hamster … All das spielt eine Rolle. Ihr müsst also kontinuierlich im Gespräch bleiben, ob das Ziel wirklich noch »Rom« lautet.)

In einem Workshop zum Thema Mental Load hat mir ein Mann erzählt, dass er die Aufgabe bekommen hatte, das Abendessen zu machen, weil seine Frau sich mit ihrem Aufgabenspektrum überlastet fühlte. Weil er tatsächlich nicht so kocherfahren war, hat er sich für Rührei entschieden. Rührei mit Petersilie. Die Kinder haben das Rührei ohne weiteren Kommentar gegessen. Die Frau machte den ganzen Abend Scherze, weil man keine Petersilie auf Rührei mache. Das wüsste doch jeder Mensch. Da komme Schnittlauch drauf. Der Mann hat sich dadurch herabgesetzt gefühlt – zumal es seitens der Kinder keine Beschwerden gab.

Jetzt kann man an dieser Stelle berechtigterweise den Kopf schütteln. Ganz tief in mir weiß ich aber, dass ich dieses Verhaltensmuster auch in mir trage. Wenn mein Partner Bratkartoffeln macht, schneidet er sie in Scheiben. Ich würfle Kartoffeln. In Scheiben schneiden ist total falsch! Was für ein Mensch schneidet Bratkartoffeln in Scheiben? Wir schneiden sie in Würfel – schon immer! Natürlich ist mir bewusst, dass diese Gedanken totaler Unsinn sind. Niemand stirbt, wenn man Kartoffeln in Scheiben schneidet. Nicht mal die Kinder, die beim Essen wirklich sehr anstrengend und wählerisch sind, meckern darüber. Also halte ich meinen Mund. Ich laufe am besten nicht durch die Küche und halte mich von meinem Partner fern, während er kocht. Denn der kennt mich, und er kennt auch meinen »Oh mein Gott, er schneidet die Kartoffeln in Scheiben – der Untergang des Abendlandes naht«-Blick. Ich sende diesen Blick natürlich nicht absichtlich, aber ich sende ihn, und er spürt ihn, auch ohne mich anzuschauen. Also ersparen wir uns das beide, und ich lasse mich nicht mehr in der Küche blicken. Wenn wir dann essen, konzentriere ich mich bewusst darauf, dass ich heute nicht kochen musste (Yay!) und dass es natürlich schmeckt (Yay! Anders, aber lecker!), und wenn die Kinder mal rumnölen, dann gibt es einen Spruch von der Großmutter (»Einmal kann ein Kind auch <Gericht einfügen> essen«) oder den Hinweis, dass sich jede*r gerne eine Stulle als alternatives Abendessen schmieren kann.

Egal, ob Rührei mit Petersilie oder Bratkartoffeln in Scheiben – wir werden es überleben. Und am Ende wird vielleicht genau diese Variante das neue Leibgericht der Familie. Damit muss man dann klarkommen. Fragt gerne mal meinen Partner, was für ein Gesicht ich gemacht habe, als unsere Kinder eines Abends verkündet haben, dass seine Bolognese besser schmecken würde als meine. (Aua!)

Als Papa mehr als »Nicht die Mama!« sein

Zu Beginn des Buchs habe ich eine typische Szene geschildert, in der die Kinder den Vater ignorieren und nach der Mutter verlangen. Diese Szene habe ich früher selbst in vielen Varianten erlebt und beobachte sie immer wieder bei Freundinnen. Ein wütendes Kleinkind, das etwas will und den Vater komplett ignoriert. Obwohl beide Eltern verfügbar sind, verlangt es nach der Mutter. Oft gehen die Väter sogar aktiv auf das Kind zu und nehmen es auf den

Arm, bieten Hilfe an, doch das Kind biegt sich mit Schmollmund nach hinten und beharrt: »Die Mama!« In der Serie »Die Dinos« ist diese Situation sogar ein wiederkehrendes Mem. Dinobaby Sinclair provoziert Dinopapa Earl, indem es ihn ständig »nicht die Mama« nennt und eigentlich nur zufrieden ist, wenn die völlig überlastete Dinomutter Frances Dinge tut. *Nicht die Mama!* ist meiner Auffassung nach nicht angeboren. *Nicht die Mama!* ist erlernt. Dadurch, dass vor allem in den ersten Lebensmonaten die Mutter alle Bedürfnisse des Kindes befriedigt und sich kümmert, hat das Kind gelernt: Wenn irgendwo der Schuh drückt, dann kann meine Mutter mir am besten helfen. Sie ist kompetent, weiß, was ich mag und was nicht, und noch mehr – sie weiß es ganz genau. Sie weiß, dass ich meine Brezel ohne Salz und dafür mit Butter mag! Deswegen genügt mir der Papa nicht, der mir vielleicht nur eine Maiswaffel anbietet.

Es geht also nicht so sehr darum, dass das Kind den Papa grundsätzlich ablehnt. Es bevorzugt aber die Mutter. Es will nicht den Stellvertreter, sondern die Chefin. Kinder wollen die Fünf-Sterne-Superior-Versorgung, die viele Väter nicht bieten können, weil sie in den ersten Lebensmonaten oder -jahren nicht viel Alltag mit den Kindern hatten und nun aufgrund ihres Erfahrungsmangels *nur* die Grundversorgung bieten können.

Für die meisten Väter ist diese Ablehnung auf Dauer sehr verletzend. Man will ja helfen, doch das eigene Kleinkind benimmt sich wie das Baby aus der Dinoserie. Und auch für die Mutter ist die Situation unglaublich frustrierend und belastend. Sie ist immer verantwortlich. Nur sie wird anerkannt. Gleichzeitig – und das ist das Paradoxe an der Situation – schwingt bei einigen Müttern auf der Gefühlsebene auch eine Art Genugtuung mit, denn das Beharren des Kindes auf die Dienstleistung der Mutter sagt auch: Du bist die Expertin, nur du kannst es richtig. Das verleiht uns ein Kompetenzgefühl und das wiederum Selbstbewusstsein.

Es ist auch nur verständlich, dass das Kind selbst daran interessiert ist, die eigenen Bedürfnisse auf die beste Weise erfüllt zu bekommen, und versucht, seine Wünsche durchzusetzen. Doch sofern man an gleichberechtigter Elternschaft interessiert ist, sollte man dem nicht immer nachgeben. Denn sonst endet die Mutter im Rund-um-die-Uhr-Bereitschaftsdienst. 24 Stunden am Tag, 365 Tage im Jahr – und das fühlt sich für manche Mütter wie ein Gefängnis an.

Du willst Papa? Du bekommst Papa!

Es ist also im Interesse beider Eltern, eine Situation dieser Art aufzulösen. Tatsächlich gibt es einen einfachen »Hack« dafür oder, besser gesagt: dagegen. Die Mutter muss auf ihre Expertinnenrolle verzichten und dem Vater Raum geben. Verlangt das Kind ausnahmsweise nach dem Papa, sollte sie sofort zur Seite treten und abgeben. Ganz besonders in der Phase, in der die Eltern ein Gleichgewicht herstellen wollen. Gleichzeitig ist es hilfreich, wenn der Vater seinen Expertenstatus aktiv einfordert und sich erarbeitet. Verlangt das Kind, dass die Mutter etwas macht, das der Vater genauso gut machen kann, so verlässt die Mutter am besten die Situation und lässt den Vater machen. Es gibt genügend Wege, sich aus so einer Situation zu schleichen und Platz zu machen. Am besten sagt man: »Ich kann jetzt nicht«, und geht.

Bei uns hat das hervorragend geklappt, obwohl unsere Kinder beim Umlernen schon lange im Schulalter waren. Wir haben zum Beispiel immer und immer wieder gesagt, dass die Kinder mindestens jedes zweite Mal »Maaaarcus« rufen sollen, wenn sie eigentlich vorhatten, »Maaaaama« zu rufen. Nach und nach wurde aus dem Mama-Ruf ein »Mamaaaa-äh-Marcus«-Ruf, und irgendwann hatten wir es tatsächlich geschafft, dass sie abwechselnd nach uns riefen. Es hilft übrigens fast genauso gut, wenn sich Väter bei einem »Mama«-Ruf einfach mit gemeint fühlen. Seht die einseitige Mama-Ansprache als generische Elternansprache. Bei jedem »Mama« ist der Papa eben mit gemeint und kann aktiv werden. Das Kind hat dann gar keinen Hebel mehr, nur die Leistung der Mutter einzufordern.

In der Folge »Väter« unseres Podcasts »Mit Kindern leben« hat Caspar Mierau sein Vorgehen in der morgendlichen Aufstehsituation ähnlich beschrieben. Wollen die Kinder unbedingt zur Mama, zieht er sie an und geht mit ihnen raus. Es gibt Frühstück beim Bäcker und eine frühe Spielplatzrunde. Die Mutter ist in dieser Zeit mal nicht verantwortlich und kann abschalten. Was so einfach klingt, ist harte Arbeit. Aber sie lohnt sich. Der Vater muss sich nicht mehr zweitklassig fühlen, und die Mutter kann endlich Verantwortung abgeben.

Der Journalist Alexis Madrigal bringt es in dem lesenswerten Artikel »Dads on Sitcoms« in *The Atlantic* wunderbar auf den Punkt: »Wenn wir Gendergerechtigkeit wollen, müssen Männer ihren Partnerinnen Freiraum verschaffen, einem eigenen Beruf nachzugehen. Und zwar nicht erst, wenn die Kinder Teenager sind, sondern solange sie noch Babys sind.«[11] Auch der Familientherapeut Jesper Juul kann da beruhigen: »Die letzten zwanzig Jahre wissenschaftlicher Forschung in der Bindungstheorie haben klar gezeigt, dass ein Kind die Mutter dem Vater nicht vorzieht, wenn beide gleichermaßen zur Verfügung stehen.«[12]

Also, Väter … los geht's!

Das ist jetzt deins!

Holt noch mal eure Liste raus, die ihr bei der Bestandsaufnahme erstellt habt, und dann identifiziert die Dinge, die ihr für einen Zeitraum X abgeben wollt. Denn erst, wenn man Dinge komplett abgibt, ist man wirklich vom Mental Load entlastet. Alles andere spart Arbeit, lässt aber die Verantwortung in der Regel bei einer Person.

Ich habe zum Beispiel den Schuhkauf und auch die monatliche Bestellung des Schulessens abgegeben. Gott, hat mich das genervt. Immer am Monatsende für den kommenden Monat, zehn Jahre lang, vorlesen: »Spaghetti mit Gemüsesoße oder Hähnchen mit Bulgur?« »Hm?« »SpaghettimitGemüsesoßeoderHähnchenmitBulgur?« »Was ist Bulgur?« »Hydrothermisch vorbehandelter

Weizen, so ähnlich wie Reis«. »Hm, was war noch mal Essen 1?« »Spaghetti mit Gemüsesoße …«

Natürlich gehört zu der Aufgabe nicht nur das Vorlesen und das anschließende Bestellen. Zur Aufgabe gehört auch, rechtzeitig dran zu denken und die Bestellung zu initiieren. Aber das hatten wir jetzt schon oft. Mental Load ist immer Erinnerungsarbeit plus Umsetzung inklusive Vor- und Nachbereitung. Das Tolle an klar definierten Zuständigkeiten: Die Kinder lernen, wer verantwortlich ist. Am Anfang kommen sie, sofern etwas schiefgeht, natürlich erst mal zu der Person, die früher für alles verantwortlich war, und beschweren sich dort. Eve Rodsky, Autorin des Buches *Fair Play*, nennt diesen Elternteil den »She-Fault-Parent« (ein Wortspiel von Default – *Standard* und She – *sie* sowie Fault – *Fehler*, das darauf anspielt, dass immer die Mutter verantwortlich ist und dass die Kinder sich deswegen auch immer bei der Mutter beschweren, wenn mal etwas schiefgeht). Wenn aber klar ist, dass gar nicht die Mutter verantwortlich ist, dann kann man die Kinder tiefenentspannt an die verantwortliche Person verweisen. Auch das ist eine große Entlastung. Endlich mal nicht immer die *doofe Mama* sein.

Es gibt so vieles, was man für eine Weile abgeben kann. Selbst Banalitäten wie Fingernägel schneiden. Mich nervt das. Ständig wachsen diese Fingernägel. Wie entlastend, wenn man vereinbart, dass im nächsten Jahr der Partner dafür zuständig ist. Elternabende, Zahnarzttermine, abends aufräumen, Bringservice zum Sportverein, Hausaufgabenbetreuung, Koffer für den Urlaub packen … Zu sagen, man sei tagsüber nicht da, weil man erwerbstätig ist, hindert einen übrigens nicht daran, sich in Alltagsaufgaben einzubringen – es lassen sich schließlich immer noch ausreichend Dinge finden, die man morgens, abends oder am Wochenende erledigen kann.

Auf der anderen Seite gibt es vielleicht sogar Aufgaben, die euch beiden Spaß machen. Wir schreiben zum Beispiel beide sehr gerne Karten. Ich war mittelmäßig empört, als mein neuer Partner plötzlich alle Geburtstags-, Weihnachts- und sonstigen Glückwunschkarten schrieb. Das war schließlich vor unserer Beziehung immer meine Aufgabe gewesen, und ich habe sie geliebt. Karten aussuchen, bemalen (ich male sehr gerne und hab sonst kaum die Gelegenheit) und die passenden Worte finden (es wird überraschen, aber ich schreibe gerne) – das war mein Job – und dann kommt plötzlich jemand daher und hat auch noch die schönere Schrift.

Auch bei den Geschenkideen muss ich mich plötzlich absprechen, weil mein Partner eigene Ideen hat. Es gibt eben Dinge, bei denen es nicht unbedingt ein Nachteil ist, wenn man ganz alleine entscheiden kann. Wer also Ungeliebtes teilen will, muss auch beliebte Aufgaben teilen.

Unser Hack, wenn die Entscheidungsfindung besonders hart ist und wir uns nicht einigen können, wer die bessere Idee hat: Eltern-Schnick-Schnack-Schnuck. Ansonsten muss man verhandeln. Jetzt du, dann ich. Ein halbes Jahr so, dann ein halbes Jahr anders. Es gibt hundert Varianten. Wichtig ist nur, dass man weder die Aufgaben, die beiden Partnern Freude bereiten, an sich reißt noch die aversiven Aufgaben ausschließlich dem Partner überlässt.

Es gibt nämlich keinen Grund, warum es die Aufgabe des Mannes sein soll, den Müll runterzubringen. Na gut, einen gibt es doch: Wenn er sonst kaum etwas macht, dann ist der Müll vielleicht die letzte Bastion. Aber im Ernst, es gibt doch zuhauf Aufgaben, die keinem Menschen Spaß machen. Verstopfte Rohre reinigen zum Beispiel – wer einmal den stinkenden Erdölglibber aus einem Siphon gekratzt hat, der weiß, wovon ich spreche. Minikleine Babywäsche aufhängen aber genauso. Dieses Gefummel! Also schaut auch bei den nervigen Aufgaben darauf, dass ihr immer mal wieder tauscht.

Fifty Shades of Katastrophe

Im Beruf und in anderen Situationen hat mir folgender Satz immer sehr geholfen: »Mal dir nicht aus, was alles passieren könnte, sondern nur den einen Worst Case.« Das stoppt diese nutzlosen gedanklichen Schleifen im Kopf, die schnell mal rotieren und 50 Varianten von möglichen Katastrophenszenarien erfinden.[13] Erfahrungsgemäß ist es am Ende ohnehin so: Es passiert gar nichts Schlimmes. Und weniger Horrorszenarien sind auch weniger Mental Load.

Euer Partner weiß die Schuhgröße eurer Kinder nicht? Er kann nachschauen oder eine Verkäuferin bitten, den Fuß auszumessen. Euer Partner bringt vom Einkauf den falschen Erdbeerjoghurt mit? Niemand wird deswegen verhungern. Wenn es wichtig ist, kann man ihn bitten, das nächste Mal den anderen mitzubringen. Der U-Termin wurde verbummelt? Ihr bekommt einen Brief von der Stadt, der mit euch schimpft. Der Termin wird nachgeholt. Die Baguettes fürs Sommerfest der Schule wurden vergessen? Derjenige, der sie vergessen hat, geht los und holt welche. Die Baguettes stehen 20 Minuten später als geplant auf dem Buffettisch. Es wurde nicht frisch eingekauft? Niemand bekommt Skorbut. Dann gibt es eben Nudeln mit Ketchup.

Wenn das vereinzelt am Anfang passiert: Übt euch in Nachsicht. Ihr macht auch Fehler. Nur bewertet die meist keiner, weil die vielen kleinen Schritte bis zum Endergebnis nicht wahrgenommen werden. Einer der wenigen Vorteile unsichtbarer Arbeit.

Gleichzeitig ist es aber wichtig, dass ihr nicht die Fehler und Versäumnisse der anderen ausbadet. Die darf der Partner selber tragen. Rate ich in Workshops zur Lockerheit, schreckt mindestens eine Teilnehmerin auf und sagt: »Ist schon klar. Wenn ich ihm die

Mütze fürs Baby nicht rauslege, dann vergisst er sie, und dann wird das Baby krank, und jetzt rate mal, wer sich dann um das kranke Baby kümmern muss!«

Darauf kann ich nur sagen: Nicht jede vergessene Mütze führt zu Krankheit. Das Baby hat bestimmt genug Haare und erkältet sich nicht, der Mann kauft schnell noch ein Babymützchen in der Drogerie auf dem Weg zum Spielplatz, eine andere Mutter hat eine Zusatzmütze eingesteckt und leiht sie ihm, aus dem eigenen Halstuch wird eine Kopfbedeckung gefaltet … Es gibt so viele Möglichkeiten. Es muss nicht zwangsläufig das Worst-Case-Szenario (Baby erkältet sich) eintreffen. Und wenn dem so ist: hart bleiben. Dann muss sich eben der Mann um das kranke Baby kümmern, oder ihr weist mindestens deutlich darauf hin, dass ihr jetzt etwas ausbadet, das ihr selbst nicht verschuldet habt.[14]

Ich kenne das Gefühl der ewigen Verantwortung: »Wenn ich nicht daran denke, denkt niemand dran!« Handelt es sich dabei um eine Aufgabe, die auf dem eigenen Tisch liegt, dann ist das letztendlich auch so. Tatsächlich liegen aber 80 Prozent dieser Aufgaben fälschlicherweise auf dem eigenen Tisch. Sie gehören mindestens zur Hälfte auf den Tisch des Partners oder auf den der älteren Kinder. Ich bestehe in solchen Fällen auf Teilen.

Mein Partner muss zum Beispiel jeden Tag mit an die Antibabypille denken. Klar nehme ich die, aber ich nehme sie ja für uns beide, weil wir keine weiteren Kinder wollen. Wenn ich also schon Hormone in unser beider Interesse nehme, dann muss er auch mit daran denken. Er hat sich deswegen einen Wecker gestellt und darf nicht schlafen, bevor er Tag für Tag sichergestellt hat, dass ich die Pille genommen habe. Das ist sehr hilfreich. Es entlastet mich, denn tatsächlich denke ich in geschätzt 90 Prozent der Fälle an die

Einnahme. Manchmal vergesse ich sie aber, weil genau dann, wenn »meine« Einnahmezeit ist, etwas dazwischenkommt. Er erinnert mich also verbal oder per Nachricht daran, und wenn ich zum Beispiel früher ins Bett gehe und noch nicht bestätigt habe, dass ich sie eingenommen habe, schaut er in der Pillenpackung nach und muss mich gegebenenfalls wecken.

Man könnte jetzt anmerken, das sei aber ineffizient, weil das den Mental Load ja dopple. Das stimmt aber nicht. Denn es geht ja um Verantwortungs*last*, und Last wird kleiner, wenn man sie teilt. Im Abschnitt »Sich von Effizienz verabschieden« gehen wir auf dieses Argument noch genauer ein.

So wie in dem beschriebenen Fall ist es bei uns bei vielen anderen Themen. Sobald Regelmäßigkeit gefragt ist, sobald es um die Einhaltung von Fristen geht, sind wir Erwachsenen in der Verantwortung, und Punkt. Allerdings ist es wichtig, dass auch Scheitern erlaubt ist. Niemand ist perfekt. Weil einmal nicht dran gedacht wurde, heißt das nicht, dass nie dran gedacht wird. Der Schreck des einmaligen Vergessens weckt meist alle Beteiligten auf. Ärgert euch also nicht vorsorglich über Dinge, die noch gar nicht passiert sind. Denkt an den Film »Minority Report« und das *Precrime-Konzept*, mit dem in einer fernen Zukunft Morde verhindert werden, indem Hellseher*innen den Mord in der Zukunft sehen und die Täter*innen schon in der Gegenwart verhaftet werden können, damit die Vorhersage gar nicht erst eintritt. Wer den Film nicht kennt: Neben den realen Verbrechen gibt es sogenannte »false positives«, also vorhergesehene Morde, die in der Realität aber nicht verübt werden. Das Konzept führt also zur Verhaftung von Unschuldigen. Also lieber keine Leute verhaften, die noch gar keine Verbrechen begangen haben.

Mein Teenagerkind hat mich da mal gut aufgeweckt. Ich wollte gerade frisch gewaschene Wäsche in den Kleiderschrank legen, da sah ich, dass im Schrank alles kreuz und quer lag. Daraufhin sagte ich sauer: »Wie das wieder aussieht! Alles total durcheinander. Und wenn deine Klamotten wieder faltig sind, beschwerst du dich!« Mein Kind antwortete: »Chill mal! Ich habe mich noch nie über Falten beschwert. Du unterstellst mir ein zukünftiges Verhalten, das so noch gar nie eingetreten ist, und ärgerst dich schon vorsorglich darüber.« Und damit hatte es recht. Seitdem lege ich die nicht allzu sorgfältig gefaltete Wäsche einfach auf den Wäscheklops im Schrank und chille.

Also: Katastrophisiert nicht, unterstellt nichts, sondern wartet erst mal ab. Wenn sich wirklich eine negative Konsequenz ergibt, kann man immer noch darüber sprechen. Wenn es mehr als einmal schiefgeht, dann müsst ihr wirklich nachsteuern. Ich sage aber kühn voraus: Wenn ihr in eurer Retrospektive (»Was ist nicht so gut gelaufen?«) gemeinsam darüber gesprochen habt, dann wird es kein zweites Mal passieren.

Und noch eine steile These: Werden Sachen immer wieder vergessen, sind sie vielleicht gar nicht so wichtig wie gedacht. Ich erinnere mich gut an eine Kollegin aus dem Controlling, die jeden Monat einen wahnsinnig aufwendigen Bericht zusammengestellt hat, weil es irgendwann mal so festgelegt wurde. In einem Monat hatte sie so viel zu tun, dass sie den Bericht nicht schreiben konnte und ihn glatt vergaß. Im darauffolgenden Monat war sie krank. Im dritten Monat fragte sie sich, wieso nicht eine Person des Verteilerkreises in den letzten zwei Monaten nach dem Bericht gefragt hatte. Und sie entschied, den Bericht nicht mehr zu erstellen. Es wurde nie mehr danach gefragt.

Diese Anekdote kann als Gedankenanstoß dienen. Natürlich können manche Folgen auch erst sehr spät auftreten. Putzt ein Kind wochenlang nicht die Zähne, kommt Karies nicht nach drei Tagen, wohl aber später. Doch meist wird Zähneputzen immer nur ein paar Tage lang vergessen. Ich weiß, wovon ich spreche. Meine Kinder sind ab und zu in Haushalten zu Gast, in denen das Zähneputzen auch mal vergessen wird. Das gefällt mir ganz und gar nicht, aber meine Therapeutin hat mir zu Recht geraten, mich nicht jedes Mal darüber aufzuregen, sondern optimistisch daran zu glauben, dass die Kinder irgendwann alt genug sind und selbst daran denken und dass Schäden am Zahnschmelz nicht in wenigen Tagen entstehen.

Das Prinzip der Gegenseitigkeit

Bezieht den Partner aktiv mit ein. Schaut mal auf die Klassenliste. Na, wie viele Väter stehen auf dem E-Mail-Verteiler?

Hinterlegt die Telefonnummern und E-Mail-Adressen der Väter. Schickt ihnen Kontaktlisten der Klassenkameraden. Markiert, wen ihr vielleicht näher kennt, mit wem die Kinder befreundet sind. Fotografiert wichtige Zettel und schickt sie cc dem Vater. Auch der Stundenplan und andere Termine sollten beiden Partnern vorliegen.

Klar. Im Idealzustand weiß der andere das alles. Aber vielleicht am Anfang eben doch nicht. Teilt also euer Wissen. Wie heißt der Kinderarzt? Wann hat er Sprechstunde? Wo liegt das U-Heft? Wann steht die nächste Impfung an? Wo sind die Unterlagen zum Hortvertrag abgeheftet? Wie lautet die URL des Caterers für das Schulessen? Das hilft dabei, Verantwortung zu übernehmen.

Kommt euer Partner selbst nicht auf die Idee, dann sagt ihm, dass man wichtige Fotos (z. B. vom abfotografierten Stundenplan) in die Favoriten seines Fotostreams im Handy packen kann, so findet man sie schneller. Und dann heißt es tapfer sein. Wenn der Partner eine Frage hat, die er sich eigentlich selbst beantworten kann, weil ihm die relevante Information vorliegt, dann verweist genau darauf. Klar ist es freundlicher, wenn man das Problem gleich löst. Aber wagt es einfach, ein bisschen widerspenstig zu sein. Oft kommen Fragen schriftlich per Messenger. Macht es wie Helmut Kohl. Rührt euch nicht. Sitzt es aus! So schwer ist es nicht für den anderen, nach einem Stundenplan zu suchen, den er vorliegen hat, um rauszubekommen, wann er das Kind abholen soll.

Natürlich rate ich nicht dazu, den Dialog einzustellen. Aber ein erwachsener Mensch kann an bestimmten Stellen routinemäßig nachschauen, um sich selbst zu informieren. Mein Exmann schafft es nach zehn Jahren Beziehung und sechs Jahren Trennung plötzlich auch, erst in den gemeinsamen Kinderkalender zu schauen und dann eine gezielte Frage zu stellen. Tipptopp! Niemals die Hoffnung aufgeben.

Umgekehrt: Versorgt euch der Partner nicht mit relevanten Informationen oder nicht auf die Weise, wie ihr es gerne hättet, dann – ACHTUNG! – fordert die Information ein, und passt sie an eure Bedürfnisse an. Die böse Frau arbeitet mit einem Papierkalender? Monatsblatt abfotografieren und in den Favoriten abspeichern oder eben händisch übertragen. Die Frau schickt einem einfach nicht den Stundenplan der Kinder? Dann fragt das Kind! Es ist ein Geben und Nehmen, Einfordern und Zur-Verfügung-Stellen.

Und ja, vielleicht gibt es wirklich Themen, die die Partnerin nicht abgeben will oder bei denen sie schwierig ist (Stichwort

»hässliche« Schuhe). Dann wägt ab, ob ihr eure Durchsetzungskraft, die ihr im Job habt, mal zu Hause einsetzt, um das Aufgabengebiet Schuhkauf oder das Wäscheabhängen und -falten an euch zu reißen! Oder ihr erobert euch ein ganz anderes Feld wie zum Beispiel den Bastelnachmittag oder eine Standbetreuung beim schulischen Sponsorenlauf. Zum Glück gibt es ja sooooo viele Aufgaben, vor allem dann, wenn man Kinder hat.

Ich weiß, das klingt jetzt alles ein bisschen zynisch. Aber so doof, wie es ist, wenn Frauen sich über hässliche Schuhe beschweren oder ein Rührei, das fälschlicherweise mit Petersilie zubereitet wurde, so doof ist es, wenn Männer behaupten, Frauen ließen sich ja grundsätzlich *nichts* abnehmen. Probiert einfach 80 der 120 alltäglichen Themen durch.

Oft ist in diesem Zusammenhang von »Maternal Gatekeeping« die Rede. Der Begriff meint, dass viele Mütter das Thema Kinder und Erziehung so sehr an sich reißen, dass für die Väter gar kein Platz mehr ist, um ihren Part zu erfüllen. Frauen würden bestimmte Informationen nicht teilen oder preisgeben, sodass sich die Männer gar nicht beteiligen *können.*

Bestimmt gibt es dieses Phänomen. Aber ganz sicher ist »Maternal Gatekeeping« nicht das Hauptproblem bei der mangelnden Beteiligung und Verantwortungsübernahme von Vätern. »Männer wehren sich dagegen, weil es in ihrem Interesse liegt«, zitieren Scott Coltrane and Michele Adams in ihrem Buch *Gender and Families* aus einem Artikel der *New York Times.* »[…] Indem sie es passiv ablehnen, eine gleichberechtigte Rolle zu übernehmen, bestärken sie die Trennung der Geschlechter-Sphären. So untermauern sie männliche Ideale und halten eine Geschlechterordnung aufrecht, die Männer privilegiert.«[15]

Der Autor und Blogger Jochen König schreibt dazu: »Maternal Gatekeeping ist nichts anderes als ein Abschieben [von] Verantwortung von Vätern auf Mütter. Ich bin fest davon überzeugt, dass es Väter braucht, die von Geburt an bereit sind, sich im Leben der eigenen Kinder mehr als nur nach Feierabend und am Wochenende einzubringen. Und wenn Väter bereit sind, diesen Schritt zu gehen und auch die negativen Begleiterscheinungen (unausgeschlafen sein, verminderte Karrieremöglichkeiten …) in Kauf zu nehmen, dann ist Maternal Gatekeeping völlig irrelevant.«[16]

Ich habe übrigens früher strikt die Position vertreten, dass es nicht Aufgabe der Frauen ist, ihre Männer einzubinden. Schließlich handelt es sich um erwachsene Menschen, die sich doch in der Regel auch für das Kind/die Kinder entschieden haben. Warum müssen sie dann erst eingebunden werden? Sollte man da nicht ein natürliches Interesse am eigenen Kind voraussetzen?

Doch ich bin altersmilde geworden. Klar sollte das Interesse automatisch da sein und damit auch der Wille an Beteiligung. Aber was soll's: Wenn es nicht da ist (weil es ja auch bequem ist, diese ganzen anstrengenden Dinge nicht zu tun), dann darf die Frau es auch einfordern.

Irgendwie muss sich da doch mal was bewegen, und zwar in Richtung Tun. Denn, um auch mal etwas Positives zu verkünden: Das Verständnis von Vaterschaft hat sich in der Theorie tatsächlich deutlich verändert. Leider mangelt es noch etwas an der Umsetzung. So heißt es in dem oben zitierten *New York Times*-Artikel: »Die optimistische Erzählung vom modernen, engagierten Vater wurde maßlos übertrieben. Das Maß an Kinderbetreuung, das von Vätern geleistet wurde, stieg in den 1980er- und ’90er-Jahren an und schwächte sich danach wieder ab, ohne je einen echten

Gleichstand erreicht zu haben«[17], oder wie es der Soziologe Ulrich Beck formuliert: »verbale Aufgeschlossenheit bei weitgehender Verhaltensstarre«, wobei sich Beck auf Gleichberechtigung im Allgemeinen und nicht auf Vaterschaft im Speziellen bezieht.[18]

Also, Väter, nicht über »Maternal Gatekeeping« jammern, sondern alle Informationen, die ihr zum Wechseln von Kackwindeln, zum wochenendlichen Aufstehen um sechs Uhr morgens und zum Behandeln von Läusen benötigt, mutig und beharrlich einfordern.

Mein Mann hilft im Haushalt ...

Im Blog »Ladies pass it on« habe ich einen Artikel gefunden, in dem der Freund des Ehemanns der Autorin, Ben Tatinger, Folgendes feststellt:

»Ich helfe meiner Frau nicht beim Wohnungsputzen, weil ich hier auch wohne und ich deswegen auch putzen muss.

Ich helfe meiner Frau nicht beim Kochen, weil ich ebenfalls etwas essen möchte und deswegen auch kochen muss.

Ich helfe meiner Frau nach dem Essen nicht beim Abwasch, weil ich das Geschirr genauso benutze.

Ich helfe meiner Frau nicht mit den Kindern, weil es auch meine Kinder sind und es meine Aufgabe als Vater ist.

Ich helfe meiner Frau nicht beim Waschen, Aufhängen und Einsortieren der Wäsche, weil die Wäsche auch meine und die meiner Kinder ist.

Ich bin zu Hause keine Hilfe, sondern Teil des Haushalts.«[19]

Würden alle Männer so denken, gäbe es die Formulierung »Mein Mann hilft mir im Haushalt – wenn ich ihn um etwas bitte, tut er das« gar nicht, um herauszustellen, dass man einen vorbildlichen Partner hat. Ich bleibe bei der Auffassung, die Katja Dittrich 2014 so überaus pointiert getwittert[20] hat: »ich brauche keinen mann, der mir im haushalt hilft. es reicht, wenn er seine hälfte der hausarbeit macht, meine hälfte schaffe ich alleine.«

Denn ja, in einer idealen Welt, in der Gleichberechtigung erreicht ist, wäre völlig klar, dass man sich die Aufgaben als Team teilt, und dann würden alle Partner*innen wie Ben Tatinger denken. Tatsächlich ist – man muss nur die Kommentare im oben verlinkten Artikel lesen – es offenbar schon Stufe II, wenn ein Partner *hilft*. Schlimmer geht leider immer: »Ich bewundere diejenigen, die einen Mann haben, der seine Frau als Partnerin und nicht als Sklavin betrachtet« oder »Im Wesentlichen isst und schläft er, geht zur Toilette und macht mein Leben zur Hölle«. Für mich ergaben sich im Kopf beim Lesen sofort unterschiedliche Entwicklungsstufen für Partner*innen:

Stufe 1: Der Partner atmet, schläft, benutzt das Badezimmer.
Stufe 2: Der Partner hilft im Haushalt und mit den Kindern.
Stufe 3: Der Partner erledigt seine 50 Prozent To-dos in Sachen Haushalt und Kinder.
Stufe 4: Der Partner übernimmt seine 50 Prozent Verantwortung in Sachen Haushalt und Kinder.

Amy und Marc Vachon, Autor*innen des lesenswerten Buchs *Wirklich gemeinsam Eltern sein*, sprechen im Zusammenhang mit *Mein Partner hilft* von Pseudogleichheit. Pseudogleichheit ist dann gegeben, »wenn die Aufgaben und Zuständigkeiten in einer Ehe scheinbar gleich verteilt sind, aber die Macht immer noch ungleich verteilt ist. Beide […] packen mit an […], und trotzdem fehlt etwas.« In diesen ungleichen Konstellationen plant und entscheidet am Ende immer nur eine Person.

Das Gute aber ist: Wenn ihr es als eine Stufenleiter seht, dann könnt ihr euch von Stufe zu Stufe hocharbeiten. Schaut euch mal den nachfolgenden Werbespot an. Er hat mich zu Tränen gerührt.

Why is laundry only a mother's job?
Dads`#ShareTheLoad[21]

Ihr seht darin einen indischen Vater im Großvateralter, der seine Tochter beobachtet, wie sie durch den Haushalt wirbelt und sich um alles kümmert. Ihr Mann sitzt auf dem Sofa. Der Vater der erwachsenen Tochter sagt: »Mein liebes kleines Mädchen, jetzt bist du erwachsen. Du hast früher Vater-Mutter-Kind gespielt. Und jetzt führst du deinen eigenen Haushalt. Und meisterst deinen Beruf. Ich bin so stolz auf dich. Und es tut mir so leid. Es tut mir leid, dass du das allein schaffen musst. […] Ich habe dir nie gesagt, dass es nicht nur deine Aufgabe ist … sondern auch die deines Mannes. Aber wie konnte ich dir das sagen, wenn ich doch deiner Mutter auch nie geholfen habe. Und was du gesehen hast, das hast du gelernt.«

Er sagt, dass ihr Ehemann es ja auch genauso von seinen Eltern gelernt hat. Er entschuldigt sich stellvertretend für all die Väter, die ein schlechtes Vorbild waren. Und dann kommt das Entscheidende: Es ist nie zu spät! Es ist nie zu spät, es anders zu machen! Und man sieht, wie er von einer Reise kommt, seinen Koffer auspackt und die Frau ihm die schmutzige Wäsche abnehmen will, doch er sagt: »Nein, die wasche ich heute«, und dann sieht man die beiden vor der Waschmaschine.

Das ist der springende Punkt: Es ist nie zu spät, es anders zu machen. Es ist nie zu spät, damit anzufangen. Share the Load. Teilt die Verantwortung! Kämpft euch langsam, aber stetig zu Stufe 4.

Wie so oft hängt vieles davon ab, wie man darüber denkt. Mein Mann hatte meinem Empfinden nach lange Jahre nicht das Gefühl, dass er für die Hälfte aller Themen zuständig war. Natürlich hat er Dinge getan – aber was auch immer er tat, er hat *mir* damit einen *Gefallen* getan. Das hat mich zermürbt. Auch Gemma Hartley beschreibt dieses fatale Gefühl: »Für meinen Mann war inzwischen jede Arbeit, die er machte und die in die Kategorie ›Sich-Kümmern‹ fiel, zu einem Gefallen geworden, den er mir tat. [...] Übernahm er einmal eine Aufgabe, ohne dass ich ihn darum bat, und belastete er sich damit auch nur einen winzigen Teil mental, ›verwöhnte‹ er mich damit. Es war ein Vorgang, der des Lobes und der Dankbarkeit bedurfte, die ich im Gegenzug für dieselbe Arbeit nicht erwarten konnte.«[22]

Deswegen mein Appell an die Männer: Fühlt euch zuständig. Es ist auch euer Haushalt, es sind auch eure Kinder. Es ist kein Helfer gefragt, sondern ein Partner auf Augenhöhe.

Das Danke-Ritual

Als Kind übten Familien, in denen vor dem Essen gebetet wurde, eine große Faszination auf mich aus. So wurde zum Beispiel kurz und knapp »Für Speis und Trank dir, Gott, sei Dank!« gebetet oder

»Alle guten Gaben, alles, was wir haben, kommt, o Herr, von dir. Dank sei dir dafür!«. Irgendwie fand ich das schön. Es war ja so selbstverständlich, dass ich immer zu essen hatte, aber die Tischgebete machten mir bewusst, dass das nicht für alle Menschen auf der Welt so war. Die Gebete machten mir meine Privilegien klar, ohne dass ich wusste, was Privilegien überhaupt sind.

Oft sehen wir Privilegien nämlich nicht, weil sie eben normal sind. In meiner Ehe habe ich mich oft gefragt, wie es wohl wäre, ein Mann zu sein. Ich werfe meine Wäsche in den Wäschekorb, und einige Tage später erscheint sie zusammengelegt wieder in meinem Kleiderschrank. Die Milch, die ich jeden Morgen in meinen Kaffee gieße, ist leer, und am nächsten Morgen ist neue da. Ich lese von der neuen HPV-Impfung für Jungs und erzähle von dem Artikel, um dann festzustellen: Toll, meine Söhne sind schon geimpft. Jemand hat sich gekümmert.

Ich konnte mir nicht vorstellen, wie das ist. Aber ich war sehr neidisch auf die, die es so hatten. So neidisch, dass ich verbittert wurde. Warum, bitte, war das bei mir nicht so?

Ein Jahrzehnt später stehe ich manchmal vor meinem Kleiderschrank oder meinem Kühlschrank und weine vor Rührung. Denn da sind sie, meine getragenen T-Shirts, sauber und zusammengefaltet, und da sind mein Lieblingspaprikaaufstrich und die Hafermilch. Ich bin schon mehrere Jahre mit meinem Partner zusammen. Natürlich war nicht alles von Anfang an so, wie es jetzt ist. Wir selbst ändern uns, und auch unser Leben verändert sich ja ständig. Und obwohl ich mich schon lange daran hätte gewöhnen können, kochen immer wieder all meine Gefühle hoch und entladen sich im Vor-offenen-Kühlschranktüren-Weinen. Endlich jemand, der nicht nur sieht, was ich leiste, sondern jemand, der seinen Teil von alleine einbringt. Deswegen sage ich oft Danke. Und ich höre oft ein Dankeschön, und weil die Kinder das mitbekommen, sagen sie plötzlich auch Danke. Wir sitzen oft am Abendbrottisch und bedanken uns gegenseitig beieinander. »Wer hat gedeckt?« »Lena!« Familien-Kanon: »Danke, Lena.« »Wer hat gekocht?« »Patricia!« Familien-Kanon: »Danke, Patricia!« »Wer war einkaufen?« »Marcus!« Familien-Kanon: »Danke, Marcus!«

Dieses leicht bekloppt anmutende Ritual wertschätzt die Alltäglichkeiten, und auch die Kinder haben angefangen, darüber nachzudenken, was eigentlich alles gemacht werden muss, damit wir Abend für Abend zusammen in Ruhe essen können. Die Kinder machen daraus manchmal ein Spiel, weil sie versuchen, die verborgenen Aufgaben zu finden, die nötig sind, um ein bestimmtes Ergebnis zu erzeugen. Wer hat den Essensplan gemacht? Wer hat sich gemerkt, was es die letzte Woche gab, und stellt sicher, dass wir nicht immer das Gleiche essen? Wer achtet zuverlässig darauf, dass es nur Sachen gibt, die alle mögen?

Diese Gedanken weiten sich in ihren Köpfen auf andere Bereiche aus. Sie sehen, wer was macht. Sie sehen, welche Schritte nötig sind. Ich habe das Gefühl, dass das nicht nur Dankbarkeit erzeugt, sondern auch Ansprüche reduziert. Ich höre plötzlich Sätze wie: »Wenn das zu kompliziert ist, könnten wir es auch so und so machen?« oder: »Ach, das muss eigentlich gar nicht sein, wenn das heißt, dass du dafür extra dies und jenes besorgen musst.«

Das entlastet, und es macht ein gutes Gefühl. Deswegen mein Tipp: Übt Wertschätzung. Auch wenn es sich am Anfang anfühlt, als wäre man eine Familie in einer amerikanischen Sitcom, dankt euch einfach gegenseitig. Vergesst dabei die Kinder nicht. Ist das Ergebnis mal nicht zu 100 Prozent so, wie ihr euch das vorstellt, kann man immer noch die Mühe wertschätzen: »Ich sehe, dass du dir richtig dolle Mühe gegeben hast. Vielen Dank dafür.«

Macht vielleicht ein Spiel daraus: Wer sieht am meisten unsichtbare Aufgaben? Wer übernimmt die meisten unsichtbaren Aufgaben?

Sieben Stück Haushalt ich, sieben Stück Haushalt du

Haushaltsaufgaben kann und sollte man unabhängig vom Kinderthema betrachten. Denn die fallen auch bei kinderlosen Paaren an, und es wird niemanden sonderlich überraschen: Auch in diesen Haushalten übernimmt eine Person (meist die Frau) den größten Teil der Aufgaben und trägt den kompletten Mental Load dazu. Für den anderen Partner erledigen sich viele Dinge wie von selbst: Die Fenster sind erstaunlicherweise selbstreinigend, die Blumen bleiben am Leben, obwohl sie nie gegossen werden, der Seifenspender hat eine Verbindung zu einem unerschöpflichen Seifenspenderdepot: Unsichtbare Elfenarbeit! Ich finde, dass man sich den Haushalt immer hälftig teilen sollte. Das gilt besonders, wenn beide erwerbstätig sind und es keine Kinder im Haushalt gibt. Hat einer der Partner keinen Bock auf seinen Anteil am Haushalt, kann er von seinem Taschengeld eine Haushaltshilfe bezahlen.

Außerdem sind Haushaltsarbeiten eine ganz andere Kategorie als die Verantwortlichkeiten rund um die Kinder. Wie Lohaus und Scholz in *Papa kann auch stillen* außerdem richtig anmerken: »Zu Hausarbeiten [baut man] keine Beziehung auf, wie man das zu [seinen Kindern] tut.«[23] Alles, was man mit den Kindern tut, ist auch eine Facette von Beziehungsarbeit. Gemeinsames Tun – sei es Kuchen backen, vorlesen oder sogar Zimmer aufräumen – stärkt die Bindung. Die Einheit Zeit spielt hier eine andere Rolle als bei Hausarbeiten. Die Beziehung zur Spülmaschine intensiviert sich nicht, wenn man sie besonders oft und lange einräumt.

Außerdem gilt es jetzt, die leidigen Diskussionen zum Thema »unterschiedliche Sauberkeitsstandards« aufzulösen. Im oben genannten Buch ist es im Kapitel »Kloreiniger rein, umrühren, abziehen« ganz wunderbar beschrieben. So sieht Kloputzen nämlich für Tobias Scholz aus. Stefanie Lohaus arbeitet viel gründlicher, weil sie den Bereich Hygiene besonders wichtig findet. Würde man die Zeiten erfassen (zwei Minuten bei Tobias versus 15 Minuten bei Stefanie), könnte man vortrefflich streiten: »Du putzt ja völlig übertrieben! Deswegen brauchst du so lange« und »Du machst es dir schön einfach! Denk doch mal an die Bakterien!«.

Die Verhandlungen um Haushaltsarbeiten müssen also anders aussehen. Hier ist es hilfreich, eine Liste der durchzuführenden Arbeiten zu erstellen und dann über wünschenswerte Resultate zu sprechen. Am Ende verteilt man Aufgabenpakete. Die beiden Autor*innen haben dabei auch scharfsinnig erkannt: »Deswegen kann man die Hausarbeit natürlich auch so aufteilen, dass einer exklusiv für eine Sache zuständig ist.«Bezogen auf die Kinder sieht das anders aus. Da sollte den Eltern, sofern sie daran interessiert sind, als gleichwertige Elternteile wahrgenommen zu werden, daran gelegen sein, möglichst gleich viel Zeit mit den Kindern zu verbingen.

Wie man in Haushaltssachen zum gewünschten Endergebnis kommt, muss ausgehandelt werden. Einer passt sich dem Standard des anderen an, man kann abwechselnd den einen oder den anderen Standard herstellen, oder man trifft sich irgendwo in der Mitte.

Die gerechte Aufteilung am Anfang bedeutet allerhand Verhandlungsaufwand. Hat man aber erst mal ein faires System gefunden, kann man es theoretisch langfristig beibehalten. Persönlich würde ich das nicht wollen, weil ich a) alle Dinge im Haushalt können möchte und b) den Kindern vorleben möchte, dass jede*r alle Aufgaben übernehmen kann. Da ich aber nicht der Maßstab der Welt bin, ist es völlig legitim, dass einer in der Familie freiwillig die Putzhilfe für alle spielt. Man MUSS nicht alles gleichwertig aufteilen. Doch denkt vielleicht mal ein paar Jahre in die Zukunft. Nehmen wir an, ein traditionelles Paar (sie macht die Hausarbeit, er verdient das Geld und macht nichts im Haushalt) bleibt bis zur Rente zusammen. Macht er dann einfach weiter nichts? Muss die Frau für immer den Haushalt schmeißen? Oder hat auch sie ein Recht auf Rente? Und falls der Mann tatsächlich anfängt und sich beteiligt: Woher soll er das alles können? Er hat doch 67 Jahre lang weder geputzt noch gekocht. Ein so großer Mangel an Kompetenz kann wirklich schwer wiegen und die Männer, wenn sie ihre Frau unerwartet verlieren, am Ende hilflos dastehen lassen. Deswegen würde mich allein die Gefahr einer solchen Hilflosigkeit motivieren, mit anzupacken.

Über Erwartungen sprechen

In vielen Bereichen einer Paarbeziehung ist es sinnvoll, über gegenseitige Erwartungen zu sprechen. Ein Punkt, den mein Podcastpartner Caspar Mierau bei »Mit Kindern leben« in der Folge »Arbeitsteilung in der Familie« eingebracht hat. Oft gibt es Dinge, von denen man glaubt, dass der oder die Partner*in sie erwartet – dabei stimmt das gar nicht. Viele Frauen glauben, dass der Partner erwartet, dass die Wohnung ordentlich und sauber ist. Vielen Männern ist das relativ egal. Setzt euch abends doch mal hin, und erstellt eine Liste: Was, glaubt ihr, erwartet euer Partner von euch, ohne es je explizit gesagt zu haben. Sprecht über die Liste, und identifiziert die Punkte, bei denen ihr falschlagt. Übertragt diese Punkte auf eine neue Liste »Das erwartet niemand von mir«, und hängt sie euch eine Zeit lang an den Kühlschrank oder eine andere sichtbare Stelle.

Wenn ihr dann einen Kaffee trinkt, während ihr *nicht* putzt, könnt ihr über die Mär der unterschiedlichen Sauberkeitsstandards von Männern und Frauen nachdenken. Denn ich persönlich glaube, Frauen wollen es gar nicht sauberer als Männer. Aber jeder Mensch hat andere Prioritäten, und es gibt auch so etwas wie durchschnittliche Erwartungen. Am Beispiel der Reinigung von Zügen kann man das gut veranschaulichen. Denn es ist immer ein Kampf gegen die Zeit, einen Zug zu reinigen, da es hierfür jeweils lediglich eine Zeitspanne X gibt. Hat der Zug Verspätung, schrumpft diese Zeit. Denn erst, wenn der Zug am Betriebsbahnhof einfährt, kann das Reinigungspersonal zusteigen und anfangen, den Zug zu reinigen. Nur, weil der Zug später kommt, kann er nicht länger bleiben. Wenn er laut Fahrplan wieder eingeplant ist, muss er los. Das heißt, es muss eine priorisierte Liste von Reinigungsarbeiten geben. Die kann man zum Beispiel erhalten, indem man Kund*innen befragt, wo sie hinschauen, um zu beurteilen, ob der Zug sauber ist. Die Stellen, auf die zuerst geschaut wird, werden folglich zuerst gereinigt. Sagen wir einfach: Ein durchschnittlicher Kunde fühlt sich wohl, wenn Tische, Sitze, Fensterrahmen und der Boden gereinigt sind.

Auf den Haushalt übertragen, finden es die meisten bestimmt ekelig, wenn die Toilette schmutzig ist, ob aber die Glaswände der

Dusche streifenfrei sind, kümmert sie wahrscheinlich eher weniger. So, wie es durchschnittliche Empfindungen zu Sauberkeit gibt, gibt es auch individuelle Empfindungen. Für meinen Teil ertrage ich zum Beispiel Krümel und anderen groben Dreck auf dem Boden außergewöhnlich gut. Ich laufe meist ohne Hausschuhe durch die Wohnung und kann ihn deswegen ganz gut fühlen. Schnell hat man sich Maiswaffelreste oder eine vom Wind verwehte Knoblauchschale eingetreten. An pedantischen Tagen pule ich sie von der Fußsohle und werfe sie in den Müll. An entspannten Tagen schnipse ich sie einfach in die Weite des Raumes, in dem ich mich gerade befinde.

Eine Freundin, deren Wohnung ich jetzt auch nicht für instagramtauglich halten würde, kann Krümel nicht ertragen. Nach jedem Essen kommt sie mit einem besenartigen Gebilde, das vorne eine Art Schwamm angeschnallt hat, und fegt. Aus den Fenstern kann man kaum schauen, an den Kacheln im Bad wachsen bei genauem Hinsehen kleine Kalk-Stalaktiten. Der Boden ist jedoch so sauber, dass man darauf operieren könnte.

So scheint jede*r seine Art von Schmutz zu haben, der entweder wahnsinnig oder überhaupt nicht stört. Für meinen Teil liebe ich blitzblanke Arbeitsflächen, weswegen ich sehr gerne von dort auf den Boden fege. Das finde ich sehr hygienisch. Manchmal, wenn ich sinnierend in meiner Küche sitze, schaue ich auf den Dreck und denke: »Wie glücklich ich mich schätzen kann, dass meinem Partner dieser Dreck nichts ausmacht.« Hui! Ertappt! Denn eigentlich sagt das gar nicht mein Kopf, sondern die Stimme meiner Mutter, die mir (leicht vorwurfsvoll) klarmacht, dass mein Partner ganz schön tolerant mit meiner Unordentlichkeit umgeht. Tatsächlich glaube ich, dass es meinem Partner herzlich egal ist, wie es bei uns aussieht. Ich traue ihm sogar zu, dass er, sofern er sich gestört fühlte, selbst einen Staubsauger in die Hand nehmen könnte.

Will heißen: Selbst wenn es eine Erwartung zur Sauberkeit gibt, dann ist damit nicht zwangsläufig die Erwartung verknüpft, dass diese durch die Frau herzustellen ist. Und doch spüre ich immer wieder dieses Gefühl der Dankbarkeit, dass der Partner nicht schimpft, wenn es mal wirklich wüst aussieht. Wie stark die Erziehung doch in die Seele hineinwirkt. Bei meiner Mutter war und ist immer alles tipptopp sauber. Als Kind und Jugendliche habe ich es nie geschafft, ihren Vorstellungen zu entsprechen. Dementsprechend höre ich im Kopf noch immer ihre rügende Stimme, wenn ich meine Wohnung putze. Ich musste lernen, dass das, was sie für angemessen hält, nicht das ist, was für den gemeinsamen Haushalt mit meinem Partner das Angemessene ist. Deswegen ist es so wichtig, mit dem Partner über diese Themen zu sprechen. Das gibt dem anderen auch die Möglichkeit, gegen tief sitzende Muster vorzugehen. Mein Partner sagt ganz oft: »Ich hof-

fe, du weißt, dass ich das nicht erwarte. Du kannst das machen, und wenn es dir sehr wichtig ist, dann mache ich mit, aber vielleicht können wir noch klären, ob und, wenn ja, wer von uns das überhaupt will.« Oft kommen wir darauf, dass ich nur glaube, dass etwas von mir erwartet wird. Erwartungen können ja viele an einen stellen. Das muss nicht immer nur der Partner sein. Es können auch die Schwiegermutter, andere Mütter oder der Postbote sein. Wir sprechen dann darüber, wie gerechtfertigt diese Erwartungen sind und ob wir ihnen entsprechen wollen, und dann machen wir einen gemeinsamen Plan.

Den Prozess zu Ende führen

Eine weitere Belastung, die Mental Load erzeugt, ist, dass einzelne Familienmitglieder zwar einzelne Aufgaben übernehmen, dann aber nur Teile der Aufgaben abarbeiten. Der Rest bleibt für die Hauptverantwortliche, und persönlich finde ich das unglaublich frustrierend, manchmal sogar erniedrigend. Davon abgesehen bleibt die Aufgabe immer im Kopf der Hauptverantwortlichen, und zwar unabhängig davon, ob eine andere Person große Teile davon umsetzt.

Sei es das Teenagerkind, das verkündet hat, dass es den Kuchen backt, den wir zum Geburtstag der Tante mitbringen, und mir dann die unaufgeräumte Küche hinterlässt, sei es der Partner, der Vorhänge anbringt, aber die Leiter nicht wegstellt. Der Beispiele gibt es viele. Die Jacken, die die Kinder auf den Boden werfen, statt sie an die 80 Zentimeter weiter entfernte Garderobe zu hängen. Die benutzten Kochtöpfe in der Spüle, die nicht mehr in die Spülmaschine passen. Schere und Klebestreifen, die auf dem Tisch liegen bleiben, wenn jemand ein Geschenk verpackt.

Insgesamt hat sich das bei uns sehr verbessert, weil wir darüber sprechen, und zwar nicht genervt und vorwurfsvoll, sondern möglichst ruhig. Wenn mein Kind sich selbst Mittagessen zubereitet und dann alles stehen lässt, dann ist mein Mantra: Es hat sich selbst um sein Mittagessen gekümmert! Gut! Und ich habe in dem Alter auch alles stehen gelassen. Nicht böswillig, sondern weil das in meinem Kopf nicht zum Thema Mittagessen gehörte. Also sage ich meinem Kind erst freundlich »Hallo«, wenn ich nach Hause komme und das schmutzige Geschirr in der Küche sehe, und dann: »Könntest du bitte noch deine Sachen vom Mittagessen wegräumen?« Auch hier eine tolle Quote: Ich schaffe es in 80 Prozent der Fälle, nicht genervt zu sein, und in 80 Prozent der Fälle räumt das Kind alles innerhalb der nächsten fünf Minuten weg.

Früher haben bei bestimmten Aufgaben auch die Anfänge gefehlt. Ich habe zum Beispiel meinem Mann die Wickeltasche gepackt, wenn er mit dem Kind losgegangen ist. Ich habe sichergestellt, dass mindestens drei frische Windeln, Feuchttücher, eine Wickelunterlage, eine Flasche mit frischem Wasser und ein paar Maiswaffeln dabei waren. Wenn wir Ausflüge gemacht haben, habe ich mir ausgedacht, wie man wohin kommt, was wir zu essen mitnehmen, und ich habe die Sachen vorbereitet und eingepackt. Wenn die Kinder mit dem Vater ins Schwimmbad gegangen sind, habe ich die Handtücher eingepackt, die Badelatschen, die Badesachen, die Getränke, das Kleingeld für den Spind. Ich glaube, ich bin nie darum gebeten worden. Ich habe es entweder gemacht, weil ich glaubte, ich mache es besser und/oder schneller, oder aber aus der Erfahrung heraus, dass immer etwas fehlte, wenn ich mich nicht kümmerte.

Und das verursachte dann Stress. Diesen Stress wollte ich allen ersparen. Wenn mein Mann selbst packte, kamen ständig Fragen: Wo ist das große Badehandtuch? Wo sind die Schwimmsachen? Hatten wir nicht mal so Schwimmnudeln? Wo ist mein Schlüssel?

Es war unglaublich frustrierend. Denn bei uns hat alles einen festen Platz. Ich bin da fast schon zwanghaft, weil feste Plätze das Suchen ersparen. Deswegen macht es mich ganz unruhig, wenn Dinge nicht da sind, wo sie sein sollen. Wo war das Badetuch? Im Schrank mit den Handtüchern oder in der Wäsche. Wo waren die Schwimmsachen? Da, wo sie immer sind: in der Schublade im Kinderzimmer. Wo war der Schlüssel? Leider nicht am Schlüsselbrett, sondern an einem mir unbekannten Ort, der jetzt hektisch gefunden werden musste, weil die Zeit tickte, denn je später die Kinder loskommen, desto näher rückt die Mittagschlafzeit, und dann wird das jüngste Kind ungenießbar.

Es war also eine Mischung aus Besserwisserei, Nichtzutrauen und schlechten Erfahrungen. Frustriert hat mich das trotzdem, denn es ist ja wie mit dem Kleiderschrank, der immer frische, gefaltete Wäsche hat. Welche Mutter geht auf den Spielplatz und bekommt ein fertiges Care-Paket in die Hand gedrückt, weil es ja schon so aufopferungsvoll ist, dass sie überhaupt mit dem Kind zum Spielplatz geht?

Dennoch habe ich aufgehört, die Dinge so vorzubereiten. Ich habe gelernt, es auszuhalten, dass es nicht immer optimal läuft, dass die Kinder auch mal frustriert sind und dass es nicht nach meiner Nase geht. Ich habe mehr als zwei Jahre Therapie gemacht, um das zu schaffen. Das ist kein Witz. Vor allem, als wir dann getrennt waren und die Kinder regelmäßig im anderen Haushalt unter anderen Bedingungen gelebt haben, musste ich das Aushalten lernen. Bis heute fällt mir das schwer. Aber ich habe keine Kraft mehr für endlose Diskussionen.

Zur Selbstregulation hilft in diesen Fällen übrigens, dass man fest daran glaubt, dass nichts Schlimmes passiert. Im Abschnitt »Fifty Shades of Katastrophe« habe ich das schon erläutert.

Bei den Kindern habe ich nicht aufgegeben und sehe auch kontinuierlich Fortschritte, und bei meinem neuen Partner musste ich vieles gar nicht erst diskutieren, weil er irgendwie schon wusste, dass zum Kochen auch das Aufräumen gehört, dass Mülleimer irgendwann voll sind und nicht alleine durchs Treppenhaus zu den Tonnen runterlaufen und sich entleeren. Dennoch gibt es diese Der-Prozess-ist-nicht-zu-Ende-Momente, und über die sprechen wir eben. Weil natürlich jede*r eine Erklärung dafür hat, warum man Dinge so macht und nicht anders. Ich zum Beispiel finde es höchst logisch und effizient, dass ich tagsüber schmutziges Geschirr in der Spüle staple und erst abends in die Spülmaschine einräume. Das spart Zeit, und man muss nicht 17 Mal die Spülmaschine öffnen. Aus unerfindlichen Gründen wollen andere lieber eine freie Spüle. Zum Beispiel, um an das Wasser zu kommen oder weil man dort gut heiße Sachen abstellen kann. Von außen mag es also so wirken, als hätte ich den Prozess »schmutziges Geschirr wegräumen« nicht zu Ende gebracht. Das gilt aber nur bis 17.30 Uhr, dann räume ich nämlich meistens die Spülmaschine ein. Möchte mein Partner um 16 Uhr schon kochen oder die Spüle benutzen, muss er das von mir gesammelte Geschirr erst mal wegräumen. Orrrr! Der gleiche Frustmoment für ihn wie für mich an anderer Stelle. Auch hier ist es wichtig, darüber zu sprechen und dann eine faire Lösung zu finden. Für mich gilt ganz oft auch: Ich muss gar nicht genau nachvollziehen können, warum mein Partner bestimmte Dinge will, ich mache sie aber einfach trotzdem so, wie er es sich wünscht, weil es ihm hilft. Ich liebe ihn nämlich und wünsche mir, dass es ihm gut geht.

Was ich damit sagen will: Lasst euch von euren Partnern solche Frustmomente schildern. Vielleicht habt ihr noch nie darüber gesprochen. Ich wette aber, es gibt sehr, sehr viele. Dieser Frust sammelt sich im Alltag, er staut sich auf, und das nächste Mal, wenn man irgendwo die Schuhe liegen lässt und der Partner explodiert, hilft es, sich vor Augen zu führen – es war nicht dieses eine Mal. Es waren die letzten 20 Male, bei denen etwas Ähnliches passiert ist.

Tschüss Effizienz

Als mein Mental Load so hoch war, dass ich fast zusammengebrochen bin, war ich auch auf dem Höhepunkt meiner Effizienzphase. Alles war durchorganisiert, keine Minute ungeplant, kein Weg umsonst, wo es ging, wurden mehrere Fliegen mit einer Klatsche erschlagen. Ich hatte unendliche Listen im Kopf, alles war miteinander verwoben. Weil meine eigene Zeit nicht ausreichte, um alles zu erledigen und zu organisieren, habe ich die Zeit meines Mannes mit eingeplant, und es war klar: Wenn wir alles getrennt machen, dann haben wir doppelt so viel Zeit. Genial! Wir haben uns kaum noch gesehen, lediglich bei den Übergaben. Ich kam, er ging oder umgekehrt. Das war absolut effizient und hatte den Vorteil, dass wir uns kaum sehen mussten. Dass es mir offenbar hauptsächlich um Letzteres ging, wurde mir erst Jahre später klar. Ich kenne viele Paare, die so leben. Und wenige hinterfragen es. Alle laufen im Hamsterrad mit, und wenn man es draufhat, dann dreht es sich sogar noch schneller! Zum damaligen Zeitpunkt hielt ich alles andere für Pärchenquatsch. Ständig alles zusammen machen? Die Hochzeit gemeinsam im Standesamt anmelden? Den Kita-Gutschein im Amt? Das Kind zu zweit vom Kindergarten abholen? Ineffizienter geht es wohl kaum! Womöglich noch den raren Urlaub vergeuden?

Und wenn ich daran denke, habe ich sofort wieder das Bild vor Augen, wie ich alleine im Standesamt sitze, um einen Termin für unsere Hochzeit zu bekommen und die nötigen Dokumente vorzulegen. Das Zimmer voll mit Pärchen – nur ich sitze alleine da und verdrehe innerlich die Augen. So eine sinnlose Warterei, eine langweilige Formalität, warum sollen sich dafür beide freinehmen? Ist das die LIEBE, von der alle reden? So ein Kitsch. Auch Pärchen, die ihre Kinder gemeinsam in den Kindergarten brachten und abholten. Du meine Güte! Was für ein Orgastress – oder sind die beide arbeitslos?

Bei mir ging es nur um Effizienz. Zeit sparen! Aufgaben verteilen! Mehr To-dos in weniger Zeit abhaken! Wenn man den Weg anders plant und noch eine Stunde früher aufsteht, dann schafft man noch drei weitere Punkte. Das muss jetzt aber klappen. Kind mitgeschleppt, Stulle unterwegs gegessen, Anschlusszug erwischt, schneller, höher, weiter!

Mit Kindern kann man sich besonders gut auseinanderorganisieren. Einer verlässt morgens das Haus extra früh, der andere versorgt die Kinder und bringt sie weg. Dann kann der Erste sie abholen und der Zweite länger arbeiten. Abends gibt man sich dann die Klinke in die Hand. Der Erste geht vielleicht aus (oder zum Elternabend). Der Zweite übernimmt die Kinder. Alles, was man tut, muss sich irgendwie lohnen. Keine Minute darf verschwendet werden.

Jahre später habe ich jemanden kennengelernt, der noch nie zu gemeinsamen Aktivitäten gesagt hat »Ach, das lohnt sich doch nicht!«. Mit großem Erstaunen stellte ich fest, dass sich mein neuer Partner nachmittags zwischen dem einen und dem anderen Termin gerne 20 Minuten Zeit nahm, um mit mir und meinen Kindern ein Eis essen zu gehen. Damit wir uns sahen an diesem Tag. Wenn schon nicht länger, dann wenigstens auf ein Eis.

An manchen Tagen brachten wir die Kinder gemeinsam in die Schule und in den Kindergarten. Zwei Mal fünfzehn zusätzliche Minuten. Die hätten wir auch ganz anders einsetzen können. Aber wir setzten sie ein, um so zu tun, als wären wir Detektive, während wir im Auto darauf warteten, dass die Kita öffnete. Wir rutschten die Sitze runter und lukten aus den Autofenstern, sprachen uns Notizen über ankommende Kinder ins Handy und kicherten.

Und noch romantischer: Wenn es Formulare für die Rentenversicherung auszufüllen gibt, machen wir das auch gemeinsam. Ich fülle Freitextstellen aus und lese erbost die schrecklichen Sätze in Beamtendeutsch vor, und dann würfeln wir aus, ob wir bei der doppelten Verneinung jetzt Ja oder Nein ankreuzen.

Ja, ja. Ihr schüttelt jetzt vielleicht leicht angewidert den Kopf. Ich hätte das auch nie von mir gedacht. Aber Dinge gemeinsam tun, auch wenn es höchst ineffizient ist, ist ein großer und schöner Luxus. Wir schaffen jetzt viel weniger und manches gar nicht, aber ich mag dieses familiäre Gemeinschaftsgefühl.

Und ganz pragmatisch gesehen: Ich habe das Gefühl, dass man weniger vergisst oder übersieht, wenn man IMMER ALLES zu zweit macht. Es ist auch viel leichter, Anteil am Leben des anderen zu nehmen. Klar geht das nicht immer (wenn beide Vollzeit bei unflexiblen Arbeitgebern arbeiten und jedes Kind in eine andere Einrichtung muss etc.). Und natürlich WILL ich auch nicht wirklich immer alles zusammen machen. Aber ich habe für mich gelernt, dass Effizienz vor allem ein Weg ist, um ein Roboter zu werden. Und offensichtlich bin ich doch zu menschlich, denn irgendwie ist mir irgendwann die Kraft ausgegangen.

Jetzt bin ich lieber ein verplanter Mensch und setze mich auch debil grinsend in ein Wartezimmer, während ich mit meinem Freund die aktuelle politische Lage diskutiere.

Noch eine ergänzende Bemerkung: Es mag zunächst widersprüchlich wirken, wenn ich einerseits vorschlage, dass man doch genau tracken könnte, wer was wie oft macht, um eine Fifty-fifty-Aufteilung zu erreichen, und auf der anderen Seite sage: Vergesst Effizienz, macht alles zusammen. Es gilt eben nicht, dass entweder das eine oder das andere der richtige Weg ist, sondern wie so oft im Leben: Beides ist richtig. Um das auszuhalten, braucht man sogenannte Ambiguitätstoleranz – die Fähigkeit, widersprüchliche Handlungsweisen und Sichtweisen auszuhalten.

Gibt es ein Ungleichgewicht, dann macht das Ungleichgewicht durch die Listen-Methode erst einmal sichtbar, und überlegt anschließend, wie ihr das Verhältnis verschieben könnt. Ein Weg kann es sein, sich von der maximalen Effizienz zu verabschieden und manche Aufgaben zu doppeln. Die Autor*innen von *Wirklich gemeinsam Eltern sein* nennen ihr Prinzip »Equal Shared Parenthood (ESP)« und stellen fest: »Wirklich gemeinsames Elternsein bedeutet, dass man einen Teamansatz wählt, anstatt dass jeder Elternteil zum einzigen Spezialisten in weiten Bereichen der Kindererziehung, Hausarbeit oder Erwerbstätigkeit wird. [...] Obwohl es einige zusätzliche Startkosten geben mag, [...] macht das Ergebnis den anfänglichen Mehraufwand häufig mehr als wett.«[24]

Eine Vertreter-Regelung schaffen

Effizienz ist also nicht immer sinnvoll. Dinge gemeinsam zu tun, Verantwortung zu teilen, hat große Vorteile. In der agilen Software-Entwicklung gibt es ein Prinzip, das man Pair Programming (Paar- oder Tandem-Programmierung) nennt. Die Idee ist ganz einfach. Während der eine programmiert, denkt der andere parallel darüber nach, wie man die anstehende Aufgabe umsetzen könnte, er oder sie kontrolliert den geschriebenen Code und spricht absehbare Probleme gleich an. Die Partner*innen tauschen regelmäßig die Rollen. Das erhöht die Qualität der Ergebnisse enorm und hat weitere Vorteile: Die Partner*innen bilden sich beim Coden fort, lernen alternative Lösungen kennen und können sich gegenseitig problemlos vertreten, zum Beispiel, wenn einer der beiden in den Urlaub fährt oder ein Kunde eine Frage hat.

Als Elternpaar kann man das quasi genauso machen. Dinge gemeinsam zu machen, bedeutet, Wissen zu teilen und Wissen weiterzugeben, und es stärkt auch noch die Paarbeziehung. Denn wenn alles nur effizient abgearbeitet wird, gibt es für ein Elternpaar immer weniger Schnittstellen im Alltag. Das Kind bindet sich dann zunehmend an die Person, die deutlich mehr Zeit mit ihm verbringt. Ist der andere Partner ausnahmsweise mal an der Reihe, kommt es nicht selten vor, dass das Kind protestiert und auf den Elternteil besteht, der die meiste Care-Arbeit geleistet hat. Vielleicht ein Grund dafür, dass es so viele Mama- und so wenige Papa-Kinder gibt. Aus der Perspektive des Kindes finde ich das nachvollziehbar. Ich bin auch viel lieber mit Menschen zusammen, die meine Spleens kennen.

Und dazu kommt: Fällt ein Elternteil aus, kann der andere ihn einfach ersetzen. Das klingt so banal. Aber ich kann aus eigener Erfahrung sagen: Es ist fantastisch, wenn man einfach krank werden und sich aus Haushalt und Kinderfürsorge ausklinken kann. Man bleibt im Bett liegen, und die Welt dreht sich weiter, man ist (vorübergehend) völlig verzichtbar. Kein Kindergeschrei, kein Protest, keine Notwendigkeit, sich aus dem Bett zu quälen, um zu kochen, die Kinder zu baden oder Hausaufgaben mit ihnen zu machen.

Ich befürchte, sofern ein Mann diese Zeilen liest, dass er gar nicht verstehen wird, was das bedeutet. Für einen Großteil der Männer ist es völlig normal, dass sie krank werden können oder dass sie ohne Projekt- und Vertretungsplan einfach so auf Geschäftsreise gehen können. Für viele Frauen ist das nicht normal. Zwei Tage weg zu sein, bedeutet sehr oft, dass diese zwei Tage stundengenau durchgeplant sind, dass vorgekocht wird, ein Babysitter bestellt, Freundinnen als Back-up bereitstehen.

Ich habe schon oft gehört, wie Männer über Frauen lästern, die sich nicht locker machen können. Für einige wenige Tage kann man schließlich alles überbrücken. Aber ich kann absolut nachvollziehen, dass man sich dennoch ärgert, wenn Kinder in diesen Tagen nicht so wie sonst betreut werden. Wenn Hausaufgaben vergessen, Schulzettel nicht unterschrieben, Einkäufe nicht erledigt werden, wenn es nur Süßkram gibt und die Kinder spät ins Bett kommen. Die Kinder überleben das, keine Frage. Aber es ist unglaublich frustrierend, wenn Väter sich wie freundliche Onkels verhalten, die ausnahmsweise mal die Kinder hüten. Christian Hanne, Kolumnist bei *Kizz. Das Elternmagazin für die Kitazeit*, schreibt dazu: »Vielleicht sind das aber auch gar keine entspannten Väter, sondern einfach nur olle Knackwürste, die sich in der Rolle als ›Good Cop‹ gefallen, während ihre Partnerinnen den

›Bad Cop‹ geben müssen. Eine Rollenaufteilung, die allenfalls zielführend ist, um in TV-Krimis dem Verdächtigen ein Geständnis zu entlocken. Für eine gleichberechtigte Partnerschaft ist es aber keine gute Basis, der Mutter alleine die mühselige Erziehungsarbeit aufzubürden.«[25]

Wer weniger Zeit mit den Kindern verbringt, kann viel leichter »fünfe gerade sein lassen« und tiefenentspannt sein, wenn das Kind mal einen Trotzanfall hat. Ein Trotzanfall pro Woche ist eben etwas anderes, als wenn man drei pro Tag und das sieben Tage die Woche erlebt.

Für eine Mutter ist es für den Seelenfrieden wahrscheinlich sogar sinnvoll, diese Art Schönwettervaterschaft hinzunehmen. Man hat dadurch ja Vorteile: Man kann ein paar Stunden und vielleicht sogar Tage weg und muss nichts vorbereiten. Immerhin. Nur dürfen sich solche Väter auf der anderen Seite dann nicht beschweren, dass sie immer nur die zweitbeste Lösung in den Augen der Kinder sind. Denn Kinder nehmen solche Elternteile auf Dauer nicht unbedingt für voll.

Es ist harte (Care-)Arbeit, gleichwertig wahrgenommen zu werden. Aber es lohnt sich. Am Ende fühlt es sich doch gut an, nicht die zweitbeste, die geduldete Lösung zu sein, richtig? Es tut doch gut, wenn man selbst die Antworten auf viele Probleme kennt, wenn man weiß, wo was steht, weiß, was das Kind mag, wie eine Waschmaschine oder der Trockner zu bedienen sind und wie man kocht. Mir geht es jedenfalls so in Sachen Steuererklärung und Rasenmähen. Es wäre ziemlich ätzend, wenn ich so etwas nicht alleine könnte.

Mehr als zwei Alibimonate Elternzeit

Schaut man in die Statistiken, so findet man bezogen auf die Elternzeit oft den Satz: »Schon ein Drittel der Männer nehmen Elternzeit.« Yay! Die uneuphemistische Wahrheit lautet also: »Zwei Drittel nehmen immer noch keine Elternzeit« – und das, obwohl es seit 2007 Elterngeld und seit 2015 Elterngeld Plus gibt. Ich glaube, dass es für die Gleichberechtigung von Eltern wenige größere Hebel als die Elternzeit gibt. Nur, wenn man einige Monate alleine (!) für das eigene Baby zuständig war, kann man verstehen, welche Verantwortung und wie viele Aufgaben mit dem Elternsein verbunden sind. Immerhin, rund 42 Prozent der Väter, die Elternzeit beantragen, nehmen in der Zwischenzeit mehr als zwei Monate.[26] Dieses Selbsterleben bringt ein Verständnis für die Belastungen mit sich, denen Frauen oft ausgesetzt sind. Wer sich mehrere Monate am Stück alleine um ein Baby gekümmert hat, dem schwant, dass der Joballtag manchmal vergleichsweise weniger belastend ist. Man kann einfach mal fünf Minuten ungestört sein, kommt unter Menschen und erfährt regelmäßig Wertschätzung (und sei es »nur« durch das Entgelt). Um wertzuschätzen, was in der Baby- und Kleinkindzeit tagtäglich geleistet wird, wäre es also sehr wichtig, ausgedehnt Elternzeit zu nehmen.

Dennoch höre ich sehr oft den Satz: »Wir können es uns nicht leisten, dass der Vater in Elternzeit geht.« Nun halte ich mich aber tatsächlich in einer recht gut situierten Akademiker-Bubble auf, deren Hauptargument in der Regel lautet, dass der Mann in Elternzeit lediglich die 1 800 Euro netto Höchstsatz bekommen würde. Rechnen wir also mal rückwärts. 1 800 Euro Elterngeld entsprechen rund 65 Prozent des ursprünglichen Nettogehalts – dann verdient der Mann außerhalb der Elternzeit also mehr als 2769 Euro netto im Monat.

Geht die Frau nicht arbeiten – was in Deutschland lediglich bei 28 Prozent der Familien der Fall ist[27] –, weist die Familienkasse jeden Monat, den der Vater zu Hause bleibt und sich um sein Baby kümmert, also ein Minus von 969 Euro plus X auf.

In einem Großteil der Familien ist die Frau vor der Geburt des Kindes aber ohnehin erwerbstätig. Gehen wir für eine Beispielrechnung dennoch davon aus, dass es ein großes Lohngefälle zwischen Mann und Frau gibt, sind die Lohnsteuerklassen oft III (Mann verdient mehr) und V (Frau verdient weniger) aufgeteilt. Da sich das Elterngeld aber aus dem Netto errechnet, sollte ein Paar mit Lohngefälle rechtzeitig, also direkt nach Bekanntwerden der Schwangerschaft, die Lohnsteuerklassen wechseln, sodass sich das Elterngeld erhöht, wenn die Frau in Elternzeit geht.[28]

Das nur am Rande … Aber rechnen wir mal durch, was es eine gut verdienende Familie am Ende kostet, wenn der Mann sieben Monate in Elternzeit geht, »obwohl« er der Vielverdiener ist.

Für die Beispielrechnung legen wir den Median des Familieneinkommens zugrunde. Der lag 2016 für eine Durchschnittsfamilie (2 Erwachsene, 2 Kinder unter 14) bei 3392 Euro netto.[29] Wir wollen jetzt durchrechnen, wie es finanziell um die Familie steht, wenn der Mann »nur« den Elterngeldhöchstsatz bekommt. Wir gehen also davon aus, dass er 2769 Euro netto verdient und die Frau dann 624 Euro (3392 Euro minus 2769 Euro).

- **Szenario 0**: Gerade macht niemand Elternzeit. In 14 Monaten beträgt das Familieneinkommen = 47488 Euro.

- **Szenario 1**: Die Frau geht 14 Monate in Elternzeit. In 14 Monaten beträgt das Familieneinkommen = 43 633,2 Euro.[30]
- **Szenario 2**: Frau und Mann gehen jeweils sieben Monate in Elternzeit. In 14 Monaten beträgt das Familieneinkommen = 39 190,2 Euro.

Nimmt der Vater also sieben Monate Elternzeit, geht es für den **Zeitraum von 14 Monaten** zwischen Szenario 1 und 2 also in Summe um eine **Differenz von 4443 Euro** (diese Differenz schrumpft zudem, wenn man den oben empfohlenen Trick mit den Steuerklassenwechsel anwendet).

Es fehlen im Monat also knapp 300 Euro. Dass das unter keinen Umständen finanzierbar sei, wurde mir bereits oft erklärt. Meistens fielen die Finanzierung einer Wohnung (in München und Hamburg ab 500 000 Euro aufwärts) mit der Geburt des Kindes zusammen. Der Dienstwagen könne auch nicht weiter privat genutzt werden, weil der als geldwerter Vorteil angerechnet würde, und das mit der Privatversicherung sei auch kein Spaß.

Ich würde diese Einwände für mich unter »Wir wollen uns das nicht leisten« zusammenfassen. Denn ich sehe nicht, wie man die Differenz oben (die natürlich größer wird, je wohlhabender die Familie ist) nicht durch Voraussparen (die wenigsten Babys werden überraschend geboren) oder vorübergehende Einsparungen (z. B. die jährliche Urlaubsreise samt Flug und Hotelkosten) ausgleichen könnte. Es ist völlig legitim, das nicht zu wollen. Wenn im eigenen Wertesystem finanzielle Einbußen vor Beziehungs- und Care-Arbeit liegen, dann ist das so. Es wird mir auch oft von Frauen bestätigt, dass sie dieses Modell aus freien Stücken wählen und wollen. Es ist deswegen interessant, zu lesen, dass die Entscheidung darüber, wer wie viel Elternzeit nimmt, vor allem vom Rollenverständnis des Mannes abhängt: »Das Rollenverständnis des Mannes beeinflusst, wie viel Elternzeit die Frau nimmt und ob sie im Anschluss daran ihre Arbeitsstunden reduziert. Die Partnerinnen von traditioneller eingestellten Männern pausierten länger und arbeiteten weniger als Frauen mit egalitär eingestellten Partnern.«[31] Und noch genauer: »Tatsächlich ließen sich die Frauen im direkten Vergleich sogar stärker von der Einstellung ihres Partners beeinflussen als von ihrem eigenen Rollenbild, während die Männer weitgehend unabhängig von den Ansichten ihrer Frau entschieden.«

Natürlich kann und soll niemand dazu gezwungen werden, Elternzeit zu nehmen, ich wünsche mir nur, dass das Scheinargument der Nicht-Finanzierbarkeit nicht so oft ausgerechnet von den Vielverdienern vorgeschoben würde. Das ist vor allem den Familien gegenüber, die es sich wirklich nicht leisten können, eine Zumutung, denn bei vielen geht es nicht um den Verzicht auf den Hotelurlaub, sondern um den Käse auf dem Brot. Das Ganze setzt übrigens auch voraus, dass man verheiratet ist. Unverheiratete Paare werden an dieser Stelle stark benachteiligt. Auch für Selbstständige, die dann Kund*innen verlieren oder ihre Angestellten nicht bezahlen können, ist Elternzeit eine ganz andere Entscheidung.

Kommen wir aber zu unserem Thema zurück: Warum ist es im Kontext des Mental Load überhaupt wichtig, dass der Vater Elternzeit nimmt? Ganz einfach: Nimmt ein Vater länger Elternzeit, ist er im Anschluss auch eher bereit, Stunden zu reduzieren, und das wirkt sich positiv auf die Partnerschaft und die Beziehung zu den Kindern aus. Im Väterreport 2018 ist zum Beispiel zu lesen: »Väter, die Elterngeldmonate in Anspruch genommen haben, sind auch nach dem Elterngeldbezug aktiver in der Kinderbetreuung. Mehr als die Hälfte der Väter, die drei Monate oder länger in Elternzeit waren, berichten, dass sie sich mit ihrer Partnerin die Familienarbeit nun gerechter aufteilen. Dabei gilt: Je mehr Elterngeldmonate der Vater in Anspruch nimmt, desto intensiver gestaltet sich die Vater-Kind-Beziehung und desto deutlicher fällt der Zuwachs an Egalität in der Paarbeziehung aus.«[32]

Väter, die sich in der Familienarbeit gleichwertig einbringen, sorgen aber noch für einen anderen Effekt: Sie erhöhen das Spektrum an Kompetenzen und möglichen Rollen für die Kinder. In der Arbeitswelt wird aktuell diskutiert, wie wir es schaffen, ein ausgeglicheneres Geschlechterverhältnis zu erreichen, um eine höhere Varianz an Herangehensweisen und Sichtweisen zu ermöglichen, die dann wiederum die Qualität der Arbeit(sergebnisse) erhöht.

Im Moment ist die Familienarbeit noch eindeutig frauendominiert. Das sollten wir dringend ändern. Auch hier ist Diversität gefragt. Treffend stellt Gemma Hartley fest, dass uns »daheim die Kompetenzen und Innovationen der Männer«[33] fehlen. Aktuelle Studien aus Südkorea und den USA[34] sprechen ebenfalls sehr dafür, dass Männer Elternzeit nehmen sollten. Denn das verbessert die Lebenszufriedenheit von Vätern und gleichzeitig die Zufriedenheit innerhalb der Partnerschaft. Dazu kommt, dass die Väter zu ihren Kindern auch viele Jahre danach eine bessere Bindung haben.

Es spricht also sehr viel dafür, dass Väter ebenfalls Elternzeit nehmen. Eigentlich alles, denn weil sich die Väter im Anschluss dauerhaft besser in die Familienarbeit einbringen, sorgt das für zufriedenere Partnerinnen, bessere Paarbeziehungen, glücklichere Kinder, und am Ende gibt es sogar mehr Geld, denn wenn der Vater länger Elternzeit macht, steigt die Frau früher wieder in ihren Job ein. Das wiederum wirkt sich positiv auf ihre Karrierechancen und auf die Gehaltsentwicklung aus. Und da das Familieneinkommen sich dann aus dem Einkommen des Vaters plus dem der Mutter zusammensetzt, steigt das Familieneinkommen insgesamt. So, wie die Frau Verantwortung für die Familienprozesse an den Partner abgeben kann, kann der Partner auch einen Teil der Verantwortung für das Finanzielle abgeben. Das stellt ganz sicher eine große Erleichterung dar. Schwierig wird es nur, wenn das eigene Männlichkeitsbild allzu stark an der finanziellen Verantwortung hängt. Zu den eingeschränkten Männlichkeitsbildern gibt es von Moritz Neumeier einen wunderbaren Kommentar, in dem er sinngemäß empfiehlt: »Wenn dir dann genau diese eine Sache wegbricht, dann denk halt darüber nach, was in diese Lücke passt, und wenn das Muffinsbacken ist, dann back Muffins! Back um dein Leben!«[35]

Dass eine Person alleine die komplette finanzielle Verantwortung trägt, ist wirklich ein wackeliges Gebilde: Krankheit, Trennung oder Tod können dann schwerwiegende Folgen haben. Es ist in jedem Fall besser, wenn die Frau auch möglichst viel finanzielle Verantwortung trägt.

Moritz Neumeier:
Sexismus

Und abgesehen davon: Ich habe recherchiert, warum Väter nicht so gern Elternzeit nehmen. Sie befürchten finanzielle Einbußen und Nachteile in der Karriereentwicklung. Also, die Nachteile, die

Frauen schon immer hinnehmen müssen. Vielleicht ist es genau deswegen an der Zeit, sich diese Nachteile mit den Partnerinnen zu teilen und gemeinsam dafür einzutreten, dass sie nicht für immer bestehen bleiben? Und um die Sorge über die Nachteile nicht allzu groß werden zu lassen, kann man im Väterreport 2018 lesen: »Die Nutzung von Elterngeldmonaten führt bei der Mehrheit der Väter zu keinen langfristigen negativen Folgen im Beruf; dies gilt insbesondere für die mehrheitlich in Anspruch genommene zweimonatige Elternzeit durch Väter. Aber auch bei einer längeren Phase der Elterngeldnutzung sind die Auswirkungen meist temporärer Art. Statt eines Karriereendes lässt sich eher ein ›befristeter Karriereknick‹ beobachten.«

Familienfreie Zeiten einplanen

Ein großer Hebel, um Mental Load umzuverteilen, ist das Alleinsein und das Alleinlassen. Das klingt erst mal ein bisschen lieblos – ist es aber nicht, und dennoch kann der Weg dorthin durchaus steinig sein.

Ich mache seit zwei Jahren einmal im Jahr alleine Urlaub. Erst seit ich einen Partner habe, dem ich zutraue, dass er den Familienalltag alleine bewältigt, ist das für mich möglich. Ich traue ihm das zu, weil ich ein paar Jahre beobachten konnte, dass er das kann. Wir teilen die Verantwortung so, dass ich jederzeit einfach ausfallen kann. Seitdem das so ist, bin ich reif dafür.

Ich erinnere mich noch sehr gut daran, wie meine beste Freundin ungefähr sechs Monate nach der Geburt meines ersten Kindes zu mir sagte: »Patricia, du musst jetzt mal wieder raus. Komm, wir gehen ins Kino!« Generell bin ich gar keine so große Ausgeherin, aber ich dachte mir: Falsch kann es nicht sein.

Wir verabredeten uns also fürs Kino. Es lief »Fluch der Karibik, Teil 3«. Ich fuhr mit der U-Bahn zum Kino, und kaum war ich unterwegs, begann ich, mich unwohl zu fühlen. Jeder Meter, den ich mich von meinem Baby entfernte, fühlte sich falsch an. Aber was soll's? Ich bin ein Kopfmensch, und natürlich würde das Baby in drei Stunden noch leben. Also fuhr ich weiter. Meine Freundin hatte im Kino bereits eine überdimensional große Kiste Popcorn geholt, und wir gingen in den Kinosaal. Das Licht ging aus, und es dauerte keine fünf Minuten und ich schlief trotz der dröhnenden Tonanlage friedlich ein. Meine Freundin versuchte immer und immer wieder, mich zu wecken. Ich sollte doch meinen ersten Kinoabend nicht verpassen! Aber es war nichts zu machen. Ich war frei von Verantwortung. So frei, dass ich endlich schlafen konnte. Jemand anders passte auf das Baby auf. Für diesen Moment war ich nicht zuständig. 169 Minuten Tiefschlaf. So lange hatte ich seit Monaten nicht mehr am Stück geschlafen. Meine Freundin behielt recht, nur anders. Ich hatte tatsächlich mal rausgemusst.

Die nächste Flucht war meine wöchentliche Joggingrunde. Eine Stunde pro Woche, die nur für mich war. Je nach Restenergie machte ich zusätzlich noch einen anderen Sportkurs pro Woche. Auch da schlief ich am Ende bei der Entspannungsübung regelmäßig ein. Mehr Freiräume hatte ich nicht. Immerhin gehörte nach dem Abstillen mein Körper wieder mir, und ich konnte Sport damit machen. Auch das ist eine Verantwortung, die schwer wiegt. Völlig unabhängig davon, ob man gerne oder problemlos stillt. Beides war bei mir der Fall. Aber ich erinnere mich genau, wie ich in der Babyzeit mal aus der Dusche stieg, das Baby war natürlich dabei und saß fröhlich in der Wippe. Als es mich nackt sah und meine Brüste entdeckte, verwandelte sich sein Gesicht in ein: »Hmmmm, lecker! Essen!« In diesem Moment fühlte ich mich so furchtbar erschöpft. Ich war kein Mensch mehr, ich war einfach nur noch eine Bedürfnisbefriedigungsmaschine.

Je älter und selbstständiger die Kinder wurden, desto freier wurde ich. Durch die Trennung musste ich schließlich wirklich lernen, dass die Kinder überleben, auch wenn der Vater Dinge anders macht. Beim Wechsel gab es nun keine vorgearbeiteten Projektpläne mehr. Die Kinder gingen einfach, und sie kamen lebendig wieder.

Obwohl ich also ohnehin kinderfreie Zeiten habe, fahre ich einmal im Jahr alleine in den Urlaub. Und was soll ich sagen? Es ist der Knüller. Ich nehme auf keine fremden Bedürfnisse Rücksicht. Nichts ist geplant, ich mache alles spontan, so, wie ich Lust habe. Ich halte Mittagschlaf, ich mache megalangweilige Sachen, wie ohne Ziel spazieren gehen, oder ich leihe mir ein Rad und fahre irgendwohin. Will ich an den Strand und habe nach 15 Minuten keine Lust mehr, gehe ich einfach wieder zurück. Lege ich mich an den See, kann ich bis zum Sonnenuntergang bleiben. Pro Tag lese ich ein ganzes Buch.

Das Fantastische ist: Ich erlebe das völlig ohne schlechtes Gewissen. Denn ich weiß, dass die Kinder gut versorgt sind, und wenn ich zurückkomme, bin ich tiefenentspannt. Was ein Gewinn für alle ist.

Dasselbe Recht und Privileg hat natürlich mein Partner. Der fährt auch einmal im Jahr zwei Wochen weg. Da zieht er sich 20 Filme auf einem Filmfestival rein, spielt 100 Stunden Computerspiele, trinkt Kaffee und isst Tapas bis zum Abwinken. Das finde ich richtig gut, und ich freue mich mit ihm. Ich freue mich, dass er endlich ausschlafen kann (das geht mit mir auch ohne Kinder nicht, ich bin Lerche, er ist Eule), ich freue mich, wenn er noch ein paar sonnige Tage hat, wenn es in Berlin schon grau und regnerisch ist, und ich freue mich, dass er mal zwei Wochen ohne Verantwortung sein kann. Weil ich es am eigenen Leib erfahren habe, weiß ich schließlich, wie wahnsinnig wichtig und wohltuend das ist.

Es tut uns allen gut, wenn wir mal alleine und frei von Verantwortung sind. Das Bild der guten Mutter sieht nicht vor, dass man einfach mal Spaß hat und keine Verantwortung trägt. Dabei sollten wir uns das viel öfter gestatten. Ich habe das sehr spät verstanden. Deswegen kann ich es nur allen Müttern empfehlen. Denn es ist doppelt gut. Wegzugehen bedeutet, dass der Partner alleine mit den Kindern ist. Da kann er Verantwortung übernehmen und seinen eigenen Weg erproben

Übrigens: Falls ihr darüber nachdenkt, mal eine Kur zu beantragen: Das gängige Konzept ist ja, dass die Mutter die Kinder zur Kur mitnimmt. Denkt man genauer darüber nach, geht einem auf, dass dann eigentlich der Vater drei Wochen Entspannung hat. Deswegen prüft für euch, ob ihr es euch vorstellen könnt, ganz alleine zur Kur zu fahren.

Zeit für sich selbst ist wichtig. Das steht nicht umsonst in allen Achtsamkeitsratgebern. Als Mutter muss man das neu lernen (als verantwortungsvoller Vater natürlich auch). Schaut, wie ihr euch das gegenseitig schenken könnt. Lasst euch nicht einwickeln von den Narrativen, was gute Mütter dürfen und was nicht. Bei Mental Load auf die Pausentaste zu drücken, ist immer entlastend.

Viele Paare haben das bereits als Standard in ihre Beziehung eingebaut. Ich las neulich bei Alexandra Zykunov @alexandra__z auf Instagram von einem ganz hervorragenden Modell: Alle sechs Wochen fährt ein Elternteil mit den Kindern zu seinen beziehungsweise ihren Eltern. Das andere Elternteil bleibt zu Hause und hat von Freitag- bis Sonntagabend frei. Das ist eine dieser Ideen, bei der man sich an die Stirn klatschen will, warum sie einem nicht selbst eingefallen sind.

Unabhängig davon: Für das Seelenheil ist es superwichtig, Freizeit zu haben. Tragt deswegen für beide Partner*innen »Me-Time« in den Kalender ein. Zwei Stunden pro Woche als festen Termin. Dieser Termin ist dann allen bekannt und unumstößlich. Was die- oder derjenige macht, entscheidet er oder sie dann selbst. Macht, was euch guttut. Das muss nichts Großes sein. Ein ausgedehnter Spaziergang, Freund*innen treffen, Sport … was auch immer.

Mit dem Alleinsein kann man auch klein anfangen. Man geht einfach im Urlaub genau zu der Zeit spazieren, wenn die Kinder ins Bett gebracht werden, und erspart sich den ganzen Dusch-Zahnputz-Ich-hab-Durst-und-muss-nochmal-Pipi-Stress. Am Wochenende schickt man die Familie mal ins Museum oder legt sich ein regelmäßiges Hobby zu. Auch im Alltag sollte man immer mal wieder spontan durch Abwesenheit glänzen. Tschüssi, ich bin dann mal weg …

Kinderfreie Zeiten einplanen

Als allerletzten Hebel habe ich noch einen Tipp: Macht öfter mal etwas als Paar, und nehmt euch Zeit füreinander. Auch hiervon gibt es viele Ausprägungen. Klar ist ein Wochenende zu zweit in einem Wellnesshotel eine prima Sache, aber wie schwer ist das zu organisieren, wenn man zum Beispiel keine Verwandten hat, bei denen man die Kinder ein paar Tage lassen kann. Außerdem muss man sich so etwas leisten können. So schön so ein Wochenende sein kann, so teuer ist es. In der Baby- und Kleinkindphase hätte ich das für meine Beziehung dringend nötig gehabt, aber, ganz ehrlich, ich war zu sehr Glucke. Tagelang ohne mein Kind hätte ich mich nicht wohlgefühlt.

Ein paar Jahre später ging das problemlos, und ich kann allen Müttern nur gratulieren, wenn ihnen das früh gelingt.

Tatsächlich muss man auch nicht gleich verreisen, damit man sich als Paar erleben kann. Der Alltag bietet viele Gelegenheiten. Das hat mir mein Partner beigebracht. Wer kann, trifft sich zum gemeinsamen Mittagessen. Das geht nicht in allen Konstellationen, aber in vielen. Ich arbeite zum Beispiel angestellt, und mein Partner ist selbstständig. Er kann also in meiner Mittagspause mal vorbeischauen. Eine Bekannte, die gemeinsame Mittagessen mit ihrem Partner pflegt, hat das mal so wunderbar beschrieben: »Da sitze ich dann im Restaurant, und mein Mann kommt rein und ich denke: Wow! Wer ist dieser attraktive Kerl? Ach so! Das ist ja MEIN Mann!«

Im Sommer kann man auch regelmäßig zusammen für eine Viertelstunde ein Eis essen gehen und die Kinder am Spielplatz lassen (wenn sie alt genug sind oder ein*e Freund*in nach ihnen schaut).

Wer flexible Arbeitszeiten hat, kann morgens die Kinder zusammen in den Kindergarten oder die Schule bringen und dann gemeinsam frühstücken gehen.

Eine regelmäßige Date-Night, die ein Babysitter möglich macht, ist zwar absurd teuer, aber eine sehr lohnenswerte Investition … Na ja, denn wie auf einer Mental-Load-Veranstaltung mal jemand gesagt hat: »Es gibt einen Grund, warum es morgens am Wochenende im Fernsehen Kinderprogramm gibt … Das ist eine der wenigen Zeiten, in denen Eltern noch Sex haben können.«

Anna Luz de León, @berlinmittemom, hat dazu mal einen wunderbaren Text verfasst. Sie beschreibt, wie sie sich mit ihrem Mann verabredet: »Dabei greife ich beispielsweise zu einem starken Verbündeten: der Glotze. Wirklich, ich bin nicht stolz darauf, aber meine Kinder sind in einem Alter, in dem das perfekt funktioniert. [...] Wir machen es ihnen auf der Couch gemütlich, und sie dürfen sich zum x-ten Mal *Frozen* ansehen, und sie dürfen sogar auf der Couch Kakao trinken oder Popcorn essen – und schwupps, haben wir 70 ungestörte Minuten für uns. Richtig prickelnd wird das Ganze tatsächlich dadurch, dass wir das schon vorher so ausgemacht haben: Alles klar, Sonntagmorgen haben wir ein Date!«[36]

Es muss auch gar nicht Sex sein. Beim Fernsehabend kuscheln, sich den Abschiedskuss morgens wieder bewusst geben, dem oder der Partner*in kleine Zettelchen mit lieben Botschaften hinterlassen, sich zusammen im Bad einsperren und vor den Kindern verstecken und knutschen ... all das sollte man nicht vergessen.

Aber was hat das alles mit Mental Load zu tun? Ganz einfach: Verabredungen, gemeinsame Zeit, Sex ... all das ist Beziehungspflege. Wir stillen unser Bindungsbedürfnis, spüren Nähe und Liebe, fühlen uns wahr- und ernst genommen. Beziehungspflege schafft eine gute Basis für eine gemeinsame Kommunikationskultur. Und die ist das A und O, wenn wir Mental Load teilen wollen.

AM ENDE DES REGENBOGENS: WAS GETEILTER MENTAL LOAD BESSER MACHT

Was hat man eigentlich davon, gleichberechtigt zu leben? Irgendwie ist es ja schon ziemlich viel Arbeit, wenn man sich Mental Load teilt – für beide Partner*innen. Denn im Idealfall bedeutet das ja, ausgehend von der traditionellen Rollenverteilung, dass der Mann sich in die nicht ganz so glamouröse Familienarbeit einbringt und die Frau die Verantwortung für das Finanzielle mitträgt. Das bedeutet viel Koordinationsaufwand, jede Menge Diskussionen, ständiges Aushandeln. Und eigentlich ist dieser Prozess auch nie beendet, denn die Kinder werden größer, die Lebensumstände verändern sich, es bleibt ein Work in progress. Aber …

Wer Mental Load teilt, hat eine*n glückliche*n Partner*in – und ist selber glücklicher

In Gesprächen wird mir immer wieder klar, dass längst nicht alle Frauen in Deutschland so gleichberechtigt wie ich leben. Männer beharren einfach darauf, dass ihre Arbeitsstunden mehr zählen, dass sie mit ihrer Verantwortung, die sie für das Finanzielle übernehmen, alles tun und getan haben, was nötig ist. Klagen Frauen in sozialen Netzwerken über ihre Männer, reagieren andere (leider oft Frauen) mit Sarkasmus und wenig Empathie: »Augen auf bei der Partnerwahl!« »Hättest du dir halt einen Job gesucht, der Geld einbringt!« »Mimimi, ändere was oder trenn dich.«

Das klingt nicht nett! Allen Menschen, denen das Thema Arbeitsteilung und Mental Load quasi schon immer klar war und die deswegen alles Erdenkliche unternommen haben, um nicht in diese Überforderung reinzugeraten, unironisch herzlichen Glückwunsch.

Ich hatte mit 20 und auch mit 30 Jahren noch keine Ahnung davon. Null. Ich bin blind und ungewollt da reingerutscht und komplett daran gescheitert. Meine Sozialisation hat mir eine seltsame Mischung an Glaubenshaltungen mitgegeben. Einerseits wurde mir suggeriert: Du bist eine Frau. Wenn du Kinder haben willst, dann wirst du für diese Kinder zuständig sein. Du wirst es wollen, denn nichts ist besser als die eigene Mutter. Außerdem musst du deinem Mann gefallen. Du darfst nicht fordernd und kompliziert sein. Und der Haushalt ist deine Aufgabe.

Gleichzeitig wurde mir vermittelt: Du bist schlau, du hast eine gute Schulausbildung, mach was draus. Such dir einen sicheren Job, in dem du gut verdienst. Das habe ich gemacht. Mir ging es nie um Selbstverwirklichung oder um den bestmöglichen Einsatz meiner Fähigkeiten. Das hätte sehr wahrscheinlich zu wenig Einkommen generiert, und es hätte für mich nie zur finanziellen Unabhängigkeit gereicht.

Ich wollte stark und hart sein. Bis zum dritten Kind glaubte ich, dass das so möglich sei. Dass man beide Ansprüche miteinander vereinbaren kann – Mutter sein, einen Haushalt führen und einen Job haben, der einen finanziell unabhängig sein lässt. Ich hatte nicht mal den Gedanken, dass man die Arbeiten rund um Kinder und Haushalt teilen könnte oder sollte. Diese Vorstellung ist erst aus meiner Not heraus entstanden. Das Familienrad drehte sich, und mir war klar, dass ich es nicht mehr alleine in Bewegung halten konnte. Also musste jemand helfen. Und zwar stärker als bislang.

Es ist übrigens vor allem an den Wendepunkten im Leben sinnvoll, über Mental Load nachzudenken. Beim Abschluss des Studiums, vor dem Berufseinstieg, vor der Hochzeit, vor der Geburt des ersten Kindes, vor dem Wiedereinstieg in den Job, vor der Geburt des zweiten Kindes … Wenn ihr dann wisst, was Mental Load ist und wie man dem begegnet, seid ihr optimal vorbereitet.

Wir sind als Ehepaar an dieser Aufgabe gescheitert. Was ich aber nie verstanden habe: Warum mein Ehemann nicht vorher etwas unternommen hat. In den letzten Jahren unserer Ehe bin ich zunehmend verhärtet. Wie anfangs gesagt, das Wort ist drastisch, aber ich fand es durchaus passend: Ich war bitterfotzig geworden. Unsympathisch und anstrengend. Also, ich hätte nicht so gern mit mir gelebt.

Jahre später finde ich mich ganz okay. Was die Kinder angeht, bin ich meistens recht entspannt. In Deutschland darf man sich ja selbst nicht loben, aber ich glaube, ich bin eine gute Mutter. Ich bin da, wenn es Probleme gibt, und ich kann zurücktreten, wo Freiräume nötig sind. Ich respektiere meine Kinder sehr, und ab und zu bin ich sogar lustig.

Ich weiß nicht genau, wie mein Partner mich beschreiben würde, aber im Großen und Ganzen bin ich eine gute Partnerin, denke ich. Manchmal angespannt, aber dann bekomme ich schnell die Kurve. Nicht megaempathisch, aber dafür sehr kraftvoll, wenn es um das Aus-dem-Weg-Schaffen von Problemen geht. Wir stehen Seite an Seite und sind füreinander da, und was mich angeht, empfinde ich täglich Liebe und Dankbarkeit.

Das ist es doch, was man möchte, oder? Eine*n glückliche*n Partner*in. Wenn also Männer merken, dass ihre Frauen langsam in die Knie gehen, verhärten, verbittern, nicht mehr lachen – ist nicht spätestens dann ein Punkt erreicht, an dem man sich denkt: »Hm, früher war das anders. Was kann ich tun, dass es wieder so wird? Dass wir wieder liebevoll miteinander umgehen und unsere Beziehung Leichtigkeit bekommt?«

Ist denen das egal? Weil sie andere Sachen haben, die ihnen einerseits Wertschätzung geben und sie anderseits ablenken? Ihren Job, ihre Führungsposition, ihren Dienstwagen, ihren Sport? Oder weil sie es einfach nicht anders gewöhnt sind? Weil ihre eigenen Eltern genauso oder ähnlich miteinander gelebt haben? Sehen sie denn nicht, dass die ungerechte Verteilung von Arbeit und Mental Load die Frauen krank und unglücklich werden lässt? Wollen sie nicht lieber mit ihren Frauen eine entspannte Zeit haben?

Vor einiger Zeit habe ich zum Muttertag auf YouTube einen sehr lustigen Clip gesehen:

»The sexiest man in the world«[1]

Darin erzählen sich zwei Frauen, was der Partner der einen Frau, Daryl, so macht: Daryl räumt morgens, ohne etwas zu sagen, die Spülmaschine aus. Er wechselt die Klorolle! Bevor er in den Supermarkt geht, überlegt er alleine (!), was noch im Haushalt fehlt. Bei alledem schwingt mit: Das ist sehr sexy. Mit Männern wie Daryl will man Sex haben. Ich musste so lachen. Denn es stimmt. Daryl nimmt seiner Partnerin Mental Load ab. Er kauft die Mayonnaise nicht nur, sondern er sieht, dass sie leer ist, und setzt sie eigenständig auf die Einkaufsliste. Rrrrrr!

Wenn die unendliche To-do-Liste im Kopf stoppt, ist wieder Platz für etwas anderes. All die Witze, woran Frauen beim Sex denken, sind eigentlich nicht lustig, sondern wahr. Als Mann hätte ich lieber Sex mit einer Frau, die an mich und nicht an die Einkaufsliste denkt. Und noch lieber hätte ich Sex mit einer Frau, die diesen Sex auch möchte und bei der Sex nicht ein weiterer Punkt auf der To-do-Liste ist. Persönlich glaube ich wirklich, dass es keinen größeren Hebel gibt, um entspannten Sex zu haben, als wenn man dafür sorgt, dass der Kopf des Partners frei von Mental Load ist. Und wirklich: »[…] neuere Umfragedaten zeigen, dass die Häufigkeit des Sex in einer Partnerschaft damit zusammenhängt, wie fair die Arbeitsteilung im Haushalt ist.«[2] Das kann man auch bei Amy und Marc Vachon in *Wirklich gemeinsam Eltern sein* nachlesen. Die amerikanische Ausgabe des Magazins *Men's Health* titelt 2003 in der Oktoberausgabe, basierend auf ähnlichen Studien: »Housework makes her horny.«[3]

Tatsächlich geht es nicht nur um mehr Sex. Gleichberechtigung beschert Lebensglück. Wer sich das lieber von einem Mann anhören möchte, dem sei der TED-Talk »Warum Geschlechtergleichstellung für alle gut ist – Männer eingeschlossen« von dem Soziologen Michael Kimmel empfohlen, der darin sagt: »Je gleichberechtigter ihre Beziehung, desto glücklicher sind beide Partner.«[4] Auch sei der Glücklichkeitsindex vor allem in den Ländern hoch, in denen Männer und Frauen besonders gleichberechtigt leben.

Außerdem wirkt sich die gerechte Verteilung der Aufgaben positiv auf die Gesundheit aus, und zwar auf die beider Partner: die des Mannes und die der Frau. Deswegen: Wer Verantwortung gerecht teilt, der macht den Partner glücklicher, ist selbst glücklicher und hat mehr Sex. Eigentlich ein recht wünschenswerter Status, oder nicht?

Wer Mental Load teilt, hat eine gute Beziehung zum Kind

Beziehungen brauchen Zeit. Immer wieder wird gesagt, dass es nicht auf die Menge, sondern auf die Qualität der Zeit ankomme, die Eltern mit ihren Kindern verbringen. Artikel wie »Wie Sie ein toller Papa mit nur 15 Minuten Zeit am Tag sein können«[5] geben Tipps, wie man(n) seine täglichen 15 Minuten wertvoll einsetzen kann. So wird zum Beispiel empfohlen: »Bringen Sie abends ab und zu eine kleine Aufmerksamkeit für Ihr Kleinkind mit. Das könnte ein hübscher Stein sein, eine Blume aus dem Garten, ein Busfahrschein oder ein besonderer Kuli von der Arbeit. Ihr Kleinkind sieht, dass Sie während Ihrer Abwesenheit an es gedacht haben, und Sie können ihm eine Geschichte erzählen, woher das Geschenk kommt.«

Yeah! Super-Papa des Jahres!

In der Netflix-Doku *Beginning of Life* sagt eine Mutter (sinngemäß): »Wenn ich diesen Quatsch von Quality Time höre. Das sage ich meinem Chef morgen auch: Ich arbeite jetzt jeden Tag nur 15 Minuten, aber das wirklich mit einer sehr hohen Qualität. Bei voller Bezahlung, versteht sich.«

Wie absurd wäre es, wenn man an anderen Stellen so argumentiert! Auch für eine Beziehung zum Kind ist es wichtig, dass man präsent ist. Und mir kann keiner erzählen, dass 15 Minuten täglich dasselbe Ergebnis bringen, wie wenn man mit den Kindern frühstückt, weiß, was sie in ihre Brotdosen möchten, sie in die Schule bringt, abholt, mit ihnen spielt, bastelt, Hausaufgaben macht, Abendessen zubereitet, ihnen zuhört, was sie beschäftigt, ihnen vorliest, sie ins Bett bringt, bei Kummer ein offenes Ohr hat, ihnen Wärmekissen bringt, wenn sie Bauchschmerzen haben, etc.

Den Vätern, die sich jeden Tag nur einige Minuten Zeit für ihren Nachwuchs nehmen (können), ist natürlich nicht zuzumuten, dass sie mal Kotze aufwischen oder Kackwindeln wechseln. Das wäre ja keine Quality Time. Quality Time ist, von der Arbeit zu kommen, den zähnegeputzten Kindern im Schlafanzug 20 Minuten etwas vorzulesen und ihnen dann ein Bussi zu geben. Ist das nicht ein wenig mager?

Klar hängt eine gute Beziehung nicht nur an der Menge der Zeit, die wir miteinander verbringen. Sie hängt auch an der emotionalen Intensität verschiedener Momente. Denn während man gemeinsam Zeit verbringt, lernt man sowohl sehr viel über die Care-Arbeit als auch über die Vorlieben, Gedanken und Gefühle des Kindes, und daraus leitet sich nicht nur eine gute Beziehung ab, sondern eben auch sehr viel Mental Load, den man dann mit der Partnerin teilen kann. Denn plötzlich weiß man selbst, wie die Lehrer*innen heißen, wo es Probleme gibt, was man am Elternsprechtag ansprechen könnte. Man weiß, wann das Kind Sport hat und welche Veranstaltungen in diesem Rahmen anstehen. Das alles kommt mit der gemeinsamen Zeit. Wer sich dieser gemeinsamen Zeit entzieht, der nimmt sich auch die Chance auf eine enge Beziehung.

Aus meiner eigenen Erfahrung als Kind kann ich sagen: Es reicht nicht, nur zu hören, dass man geliebt wird. Mein Vater hat das stets beteuert – nur war er nie im Alltag präsent. Ich erinnere mich nur, wie er abends spät von der Arbeit kam und ich dann ermahnt wurde, leise zu sein, weil er die Tagesschau sehen wollte.

Deswegen fand ich die Überschrift eines Blogartikels von Jochen König so stark, die da lautete: »Ich liebe meine Kinder vom Büro aus – wo sind meine Kekse.« Darin schreibt er, dass es nicht ausreicht, zu beteuern, dass man seine Kinder liebt, und sich ansonsten aus der Sorgearbeit raushält.

Ein hinreichend guter Vater/eine hinreichend gute Mutter ist man nicht, weil man es im Herzen sein will und für sich sagt: Ich liebe das Kind doch.[6] Ein hinreichend guter Vater/eine hinreichend gute Mutter ist man, wenn man da ist, wenn man präsent ist, wenn man eine Stütze ist, wenn man einen Hafen bietet und im Notfall ein verlässlicher Kämpfer an der Seite des Kindes ist. Wenn man sich, verdammt noch mal, einbringt und nicht nur ein Schönwettermensch ist. Verantwortung übernimmt. Wenn man auch da ist, wenn es schwer wird, wenn es anstrengend wird, wenn es an die eigenen Grenzen geht.

Es gibt Studien, die die positiven Effekte der Anwesenheit von Vätern im alltäglichen Leben der Kinder bestätigen, von der vor allem Mädchen profitieren. Im Väterreport 2018 ist zu lesen: »Für sie (aber auch die Söhne) öffnet sich die Tür zu einem anderen, eher geschlechtsuntypischen Aktivitätsbereich. Denn mit den Vätern gehen verstärkt außerhäusliche, sportliche und handwerkliche Freizeitaktivitäten für die Kinder einher.«[7]

Und weiterhin wird festgestellt: »Auch die Kinder profitieren: Sie haben intensiven Kontakt zu ihren Vätern, nehmen ihre Alltagspräsenz stark wahr und erleben sie als bereichernd. […] Neben einer engen Bindung sind positive Effekte u. a. auf die kognitive, soziale und emotionale Entwicklung der Kinder wissenschaftlich nachgewiesen. Kinder, deren Eltern beide im Alltag stark präsent sind, erleben die Vielfalt an unterschiedlichen Einflüssen, Kompetenzen und Rollenvorbildern, die damit einhergeht und auf die sie zurückgreifen können, als vorteilhaft.«

Im eben schon erwähnten TED-Talk bringt es Michael Kimmel kurz und knapp auf den Punkt: »Da wo in Beziehungen Gleichberechtigung herrscht, sind die Kinder glücklicher und gesünder!«

Wer Mental Load teilt, hat volles Mitspracherecht

Ich kenne mindestens drei Männer, die beim Zusammenziehen mit ihrer Partnerin ihre Spielekonsole abgeben mussten. Die Partnerin hatte festgelegt: »Das Ding kommt mir nicht ins Haus.« Die Konsole wurde zerknirscht, aber ohne weiteren Protest abgegeben. Wenn Dinge im Haushalt gekauft werden, nicken diese Männer lediglich die Kosten ab, sofern sie mehr Einkommen generieren als die Frau. Sie entscheiden nicht mit, welches Geschirr gekauft wird, wie die Vorhänge aussehen, welches Bett es sein soll, und auch bei den Kindern reden sie eigentlich so gut wie nie mit. Geburtstagsgeschenke werden ohne vorheriges Abstimmen gekauft, eingepackt, übergeben. Manchmal dürfen sie noch auf der Karte unterschreiben. Will die Frau die Wand petrolfarben streichen, dann wird sie gestrichen.

Manche Männer bekommen, wenn der Platz es erlaubt, einen Hobbykeller, ein eigenes Heimkino oder mindestens ein Klo mit Dusche, sofern es zwei Bäder in der Wohnung oder im eigenen Haus gibt.

Weil sie sich in Haushalt und Kindererziehung so gut wie nicht einbringen, bestimmt die Hausherrin, was Sache ist. Das Hausherrchen zuckt nur mit den Schultern. Dieses Bild, na ja, gefällt nicht, aber es hängt halt jetzt da. Das ist der Preis, wenn man sich nicht am Mental Load beteiligt. (So gesehen, eigentlich ganz günstig, wenn man überlegt, wie viel Arbeit das spart … Andererseits, wie deprimierend.)

Und es bleibt ein Teufelskreis: Denn eigentlich signalisieren beide Partner in einer so aufgeteilten Beziehung: Eine ist die Chefin und entscheidet, der andere ist der Hilfsarbeiter in der Familie. Der Hilfsarbeiter hat so gut wie kein Mitspracherecht. Selbst wenn er bemüht ist, sich einzubringen, stellt er oft fest: »Ich kann es der Chefin nie recht machen.« Passend dazu habe ich einen Kommentar unter einem Zeitungsartikel gelesen, der sinngemäß lautete: »Tja, im Haushalt einer Frau zuzuarbeiten, ist für den Mann ein Minenfeld. Entweder man macht das Falsche, oder man macht, das, was man macht, nicht richtig.«

In *Wirklich gemeinsam Eltern sein* ist das umgekehrte Szenario beschrieben: »Die Hälfte der Hausarbeit zu übernehmen, befördert Männer von dem ›Wohnt-einfach-hier‹-Status zu einem vollwertigen Partner bei der häuslichen Entscheidungsfindung.«[8] Also, ich würde das wollen.

Verantwortung und To-dos zu teilen, ist bei allen Themen rund um Kinder und Haushalt eine wichtige Voraussetzung, um in einer Diskussion ernst genommen zu werden, weil man dieselben Einsichten und Erfahrungen wie der oder die Partner*in hat. Man ist eben der zweite Geschäftsführer und nicht der Handlanger der Familienmanagerin.

Ich würde jedenfalls nie auf die Idee kommen, meinem Partner die Spielekonsole zu »verbieten«. Zusammenziehen kann man auch ganz partnerschaftlich gestalten: Als mein Exmann und ich zusammengezogen sind, hatten wir zum Beispiel vereinbart, dass jede*r beim anderen drei Gegenstände aussuchen darf, die nicht mit in die gemeinsame Wohnung ziehen würden. Aus meinem Bestand hat es sechs Gläser erwischt, auf denen »Latte macchiato« stand, weil Gegenstände, auf denen steht, was sie darstellen sollen, angeblich doof sind. Aus seinem Besitzstand musste eine Eiche-rustikal-gebeizte Jugendzimmerschrankwand (oder was davon noch übrig war) dran glauben. Ich lieh mir eine Axt und zerlegte das Teil, was im Übrigen anstrengender war, als ich vermutet hatte. So geht Zusammenziehen auf Augenhöhe.

Wer Mental Load teilt, hat Zeit für sich selbst

Für mich besteht die mentale Belastung darin, dass ich mich schuldig fühle, wenn ich für drei Stunden das Haus verlasse. Ich weiß, dass ich das Recht habe, auszugehen, aber ich fühle mich verantwortlich für alles und fühle mich unwohl dabei.

Instagram-Account mentalloadproject

Mental Load zu teilen, schafft Freiräume. Rein rechnerisch, weil man im Idealfall nur noch die Hälfte der Zeit in Haushalt und Kinderversorgen investieren muss. Plötzlich bleibt Zeit zum Durchatmen. Seit ich einen Partner habe, der mit mir Mental Load teilt, ist mein Kopf wieder frei. Frei für kreative Tätigkeiten, frei fürs Nichtstun – ja, ich sitze manchmal einfach auf dem Balkon und betrachte die Wolken am Himmel. Frei dafür, Dinge auch mal mit Abstand und Humor zu betrachten. Wenn jetzt Sachen schiefgehen, ärgere ich mich kaum noch. Vor allem nicht, wenn sie dem Partner misslingen. Ich weiß ja, dass er genauso engagiert ist wie ich. Ich habe eine hohe Meinung von ihm und halte ihn genauso für einen Experten wie mich. Denn er ist mir in jeder Hinsicht ebenbürtig. Warum sollen ihm keine Fehler passieren dürfen?

Dass mein Partner mit mir Mental Load teilt, erfüllt mich mit Dankbarkeit und Wertschätzung. Dankbarkeit auch, weil ich nicht mehr unersetzlich bin. Im Gegenteil: Ich bin komplett ersetzbar als Mutter. Denn er als Bonus-Vater kann und weiß alles genauso gut wie ich. Die Kinder vertrauen ihm, sie fühlen sich wohl, sie haben eine enge Bindung zu ihm. Er ist kein Ersatz, keine zweitbeste Lösung. Er ist die zweite, gleichwertige Bezugsperson. Wir sind Eltern auf Augenhöhe.

Ich kann jetzt wieder krank werden, kann auf Geschäftsreisen gehen, Vorträge in anderen Städten halten, ich kann Hobbys nachgehen, meine Freund*innen treffen, in den Urlaub fahren, ich kann – wie genau in diesem Moment, in dem ich diese Zeilen schreibe – nach Brandenburg fahren und mich dort im Schreibexil zehn Stunden am Stück in ein Thema vertiefen, geistig total abschalten. Ich habe in mir die tiefe Gewissheit: Zu Hause läuft es.

Und das Allerallerbeste: Ich habe kein schlechtes Gewissen, weil ich aus Erfahrung weiß, dass die Kinder gut aufgehoben sind. Früher hatte ich immer das Gefühl, wenn ich mir Zeit für mich nehme, dann ist das auf Kosten der Kinder. Dass das jetzt anders ist, ist ein unfassbarer Luxus. Denn egal, wie viel freie Zeit man hat, wenn man sie nicht genießen kann, weil man sich schuldig fühlt, dann wirkt sie nicht erholsam.

Wie anders ich lebe, stelle ich oft in der Gegenwart von Freundinnen fest, wenn wir gemeinsam in einer anderen Stadt sind. Ich bin meistens die Einzige, die keine Nachrichten aufs Handy bekommt, die ständig etwas fragen und sie geistig nicht abschalten lassen: »Wo sind die Sportsachen von Peter? Wann fängt morgen die Schule an? Peter sagt, er hätte die erste Stunde frei???« Meistens bin ich auch die Einzige, die von zu Hause aufbricht, ohne dort etwas vorzubereiten. Meine Abwesenheit ist ja in der Wochenbesprechung angemeldet und gemeinsam geplant worden.

Ich danke meinem Partner von Herzen, dass er die Würde besitzt, mich auf Geschäftsreisen *nicht* zu fragen, wo eigentlich die

Fertigröstzwiebeln für die Käsespätzle sind, sondern dass er einfach welche besorgt, wenn er sie nicht findet, oder Käsespätzle ohne Röstzwiebeln isst. Er lässt mich verreisen, so, wie es für die meisten Männer total normal ist zu verreisen. (Ich hab jedenfalls noch nie beobachtet, dass einer der Abteilungsleiter, mit denen ich gelegentlich auf Tagungen bin, von ihren Frauen solche Nachrichten bekommen …)

Aber im Ernst: Mental Load zu teilen, macht mich glücklich und frei. Das Teilen macht mir möglich, dass ich achtsam mit mir selbst umgehen kann. Dass ich die Beziehung zu mir selbst pflegen kann. Das ist wahnsinnig wichtig, denn wie Amy und Marc Vachon festhalten: »Der fürsorgliche Umgang mit sich selbst ist der Treibstoff, der alles andere in Gang hält.«[9] Und dass ich es mir erlauben kann, fürsorglich mit mir selbst zu sein, liegt am geteilten Mental Load.

All diese guten Gefühle möchte ich meinem Partner auch schenken, und ich hoffe, es gelingt mir, denn mit dem geteilten Mental Load ist zumindest die Grundlage dafür geschaffen. Denn auch Stefanie Lohaus, Coautorin von *Papa kann auch stillen,* weiß: »Sich gegenseitig Zeit zu schenken, ist für die Beziehung mehr wert als ein Diamantring. Die getrennten Erlebnisse, sich auch mal wieder als Individuum fühlen, das gibt Energie und inspiriert.«[10] Ja, ja und ja!

Ich erinnere mich wirklich noch genau an die Situation, als ich nach einer langen Phase als Muttertier (nicht mal auf dem Klo war ich für mich) das erste Mal wieder alleine unterwegs war. Ich holte mir gerade ein Eis, als mich ein Mann in der Warteschlange anschaute und anlächelte. Ich war total irritiert, und dann spürte ich schlagartig: Meine Güte, ich bin ja noch da. Jemand sieht mich!

Wer Mental Load teilt, muss nicht in festen Rollenmustern leben

Für mich war es sehr wichtig, an einer gerechten Aufteilung zu arbeiten, weil ich meinen Kindern ein Vorbild sein möchte. Woher sollen sie eine Vorstellung von fairer Aufgabenteilung bekommen, wenn nicht durch ihr direktes Umfeld? Das ist für die Mädchen genauso wichtig wie für die Jungs. Mädchen sollen nicht eine Mutter erleben, für die es selbstverständlich ist, alle häuslichen und familiären Pflichten zu übernehmen. Sie sollen lernen, dass jeder Partner seinen Teil beiträgt und dass man aushandeln kann (und muss), wer wann wie viel erledigt. Sie sollen vor allem lernen, dass sie mit der Verantwortung nicht alleine sind und dass die besseren Entscheidungen immer dann entstehen, wenn mehr als eine Person das Für und Wider abwägt. Den Söhnen möchte ich zeigen, dass sie in einer Partnerschaft gleichberechtigt sind, dass sie vor allem als Väter gleich wichtige Bezugspersonen für ihre Kinder sein können und dass mit allen Vaterrechten auch Pflichten verbunden sind. Sie sollen erleben, dass ein Vater auch tröstet, dass er kranke Kinder umsorgt, dass ein Vater seine Kinder in den Schlaf kuscheln kann.

Ich möchte die Kinder vor Rollenklischees bewahren, die ihre Handlungsmöglichkeiten einschränken. Wenn wir es anders machen, dann leben wir den Kindern keine zementierten Rollen vor. Die Kinder lernen: Meine Mutter kann Kuchen backen und mit Fondantblümchen dekorieren, aber wenn der Fahrradschlauch ein Loch hat, dann weiß sie, wie man ihn flickt. Sie sehen: Der Vater kann einen Kamin anschüren, aber wenn am Wintermantel der Knopf ab ist, kann er ihn wieder annähen. Keine der Aufgaben wird als typisch weiblich oder männlich konnotiert, und die Kinder können sich durch Nachahmung auf allen Gebieten selbst ausprobieren. So entdeckt der eine Sohn vielleicht, dass er gut mit kleinen Kindern kann, und bessert deswegen sein Taschengeld mit Babysitten auf, während die Tochter im Studium als Fahrradkurierin Geld verdient.

Und alle Männern denen es widerstrebt, typisch weibliche Aufgaben zu übernehmen, die können in sich gehen und darüber nachdenken, wieso das so ist. Warum fühlt man sich wie ein Held, wenn man eine Spülmaschine reparieren kann, während das Heldentum sich in Grenzen hält, wenn man an Weihnachten für die ganze Familie Pralinen zubereitet? Warum macht Grillen Spaß, aber Marmelade-Einkochen eher nicht?

Ich glaube, es hat etwas mit dem Wert zu tun, der typisch weiblichen und typisch männlichen Aufgaben in unserer Gesellschaft beigemessen wird. Männer werten sich quasi ab, wenn sie besonders gut in weiblichen Dingen sind oder Spaß an ihnen haben. Frauen werten sich umgekehrt auf. Eine Frau im IT-Bereich ist toll – ein Mann, der als Altenpfleger arbeitet, bestenfalls seltsam – warum hat er nichts Ordentliches gelernt? Und auch mit einem Mann, der gerne strickt, stimmt irgendetwas nicht, während die Frau, die in ihrer Freizeit lötet, cool ist.

Aber das führt jetzt zu weit vom eigentlichen Thema Mental Load weg. Möglichst viele Aufgaben gemeinsam erledigen oder regelmäßig rotieren – das verringert Mental Load, erhöht Mitgefühl, Wertschätzung und Verständnis, hat eine Vorbildfunktion für die Kinder und verteilt die Verantwortung auf vier statt zwei Schultern.

»GEHT NICHT« GIBT'S NICHT: GESPRÄCHE MIT MÄNNERN

Immer wieder höre ich von Paaren, die gerne Mental Load teilen würden, es aufgrund ihrer Lebensumstände aber nicht können. Zumindest glauben sie das. Ich hingegen denke, dass der Grund dafür woanders liegt. Diese Paare können sich einfach nicht vorstellen, wie sie Care-Arbeit unabhängig vom Lebensmodell gerecht teilen können, weil sie wenige Vorbilder in ihrem Umfeld haben. Deswegen möchte ich einige Paare vorstellen, denen es gelingt, Mental Load zu teilen.

Wie bereits im Buch dargestellt, klaffen nicht nur Idealvorstellung und tatsächliche Umsetzung, sondern auch Selbst- und Fremdwahrnehmung oft weit auseinander. Nicht jeder Mann, der glaubt, dass er ungefähr die Hälfte des Mental Load trägt, tut das auch nach Einschätzung seiner Partnerin (siehe Abschnitt »Wenn Excellisten Beziehungen retten« oder die Untersuchung zu »gefühlter« und »tatsächlicher Gleichverteilung« von Aufgaben von Prof. Dr. Cornelia Koppetsch).

Deswegen habe ich auf Twitter gefragt: »Welche Frau möchte mir ihren Mann als Gesprächspartner empfehlen, weil sie selbst findet, dass sie sich als Paar Mental Load gleichberechtigt teilen?« Und es gab durchaus Frauen, die mir schrieben. Hier sind einige Kurzinterviews, die ich mit ihren Männern geführt habe.

Modell 1:
Das fest angestellte Paar

2 Kinder (4 und 1,5 Jahre alt)

Wie sieht euer Arbeitsmodell im Moment aus?
Ich arbeite 40 Stunden pro Woche und bin derzeit in der Probezeit. Nach der Probezeit überlege ich, auf 80 Prozent zu reduzieren. Ich habe einen auf zwei Jahre befristeten Arbeitsvertrag und arbeite im öffentlichen Dienst. Allerdings gibt es ziemlich viel Druck, denn das Projekt, in dem ich arbeite, ist befristet – es ist auch klar, dass es nicht verlängert werden wird –, und am Ende der Projektlaufzeit muss ein bestimmtes Ergebnis stehen. Meine Frau arbeitet 32 Stunden pro Woche und hat einen unbefristeten Vertrag.

Wie sah eure erste Elternzeit aus?
In der ersten Elternzeit war ich vom ersten bis zum dritten Lebensmonat zu Hause und habe mit einem Stipendium an meiner Promotion gearbeitet, das ging flexibel tagsüber oder abends. Meine Frau war in der Zeit zunächst arbeitslos und hat dann im Laufe der Elternzeit einen Schichtjob mit 20 Stunden angenommen.

Die Hauptbezugsperson unseres Babys war allerdings ganz schnell die Mutter. Dabei war uns eigentlich von Anfang an klar, dass wir genau das nicht wollen. Ich habe dann ganz bewusst bestimmte Themen wie die Einschlafbegleitung oder die Eingewöhnung in den Kindergarten übernommen, aber irgendwie war die Hierarchie in der Bevorzugung der Bezugsperson immer zu spüren.

Habt ihr in der zweiten Elternzeit etwas anders gemacht als in der ersten? Wenn ja, wie sah die zweite Elternzeit aus?

Ja, wir haben ganz bewusst an einigen Stellschrauben gedreht, denn wir wollten beim zweiten Kind noch gleichberechtigtere Eltern sein. Wir haben nach der Geburt die ersten beiden Monate gemeinsam Elternzeit genommen, und ich habe dann angefangen, in Teilzeit zu arbeiten. Nach weiteren zwei Monaten begann meine Frau, ebenfalls in Teilzeit zu arbeiten, wobei wir uns tageweise abwechseln konnten. Alles in allem war das beim Amt wahnsinnig kompliziert zu beantragen. Aber wir haben uns durchgebissen, denn es war uns ja wichtig. Ich wollte kein Elternteil zweiter Klasse sein. Bitter ist auf jeden Fall, dass wir das finanziell ungünstigste Elterngeldmodell gewählt haben.

Wie geht ihr mit unterschiedlichen Standards, zum Beispiel beim Thema Aufräumen, um?

Das ist auf jeden Fall ein Thema. Allerdings gar nicht so sehr der Standard an sich, sondern die Frage, wie er hergestellt wird. Beim Aufräumen zum Beispiel mache ich gerne Sachen »schnell mal nebenbei«. Meine Frau arbeitet dann lieber alles in einer großen Hauruck-Aktion weg. Damit es da nicht immer wieder Spannungen gibt, nehmen wir das erst mal so hin. Manchmal mache ich dadurch mehr Kleinkram. Deswegen frage ich dann einfach: »Können wir das schnell zusammen machen?«, oder ich übe mich in Gelassenheit. Es kostet einfach zu viel Energie, immer wieder über dieselben Themen zu diskutieren.

Wie handelt ihr Dinge aus?

Es ist kein einmaliges Aushandeln. Wir schauen, was die Situation erfordert, und finden dann eine Lösung, die für uns beide passt.

Wie organisiert ihr Dinge?

Wir nehmen uns ganz bewusst jeden Abend, wenn die Kinder schlafen, zwischen 30 und 90 Minuten Zeit, um über Organisatorisches, aber auch Emotionales zu sprechen. Und natürlich haben wir einen gemeinsamen Kalender und die Einkaufslisten-App.

Wie ermöglicht ihr euch Paarzeit?

Die kommt definitiv zu kurz. Vor der Geburt des zweiten Kindes schafften wir es alle zwei bis drei Wochen, unser Kind einen Abend bei den Großeltern abzugeben, um dann als Paar etwas zu unternehmen. Ein paar Mal im Jahr sind wir sogar übers Wochenende weggefahren. Mit der Geburt des zweiten Kindes ist das alles wieder eingebrochen. Aber man muss dranbleiben.

Ideal ist es, wenn wir uns einmal im Monat gemeinsam einen Tag Urlaub nehmen beziehungsweise Überstunden abbummeln können. Da sind die Kinder im Kindergarten, und wir haben den ganzen Tag für uns alleine. Seit Neuestem arbeiten wir immerhin nur 200 Meter voneinander entfernt. Dann können wir regelmäßig gemeinsam Mittag essen gehen und haben etwas ruhige Zeit für uns.

Wie schafft ihr es, dass jeder auch Zeit für sich selbst hat?

Für mich ist es wichtig, ab und zu wirklich die eigenen vier Wände zu verlassen. Das melde ich an, und wenn es passt, dann machen wir das. Meine Frau kommt eher zur Ruhe, wenn sie abends einfach nichts macht. Sie trifft sich manchmal mit Freundinnen, aber selbst das ist in manchen Lebensphasen zu viel, und dann stellt sie ihr Ruhebedürfnis in den Vordergrund, sagt eine Verabredung ab und macht es sich zu Hause gemütlich.

Es hat ein bisschen gedauert, bis wir beide verstanden haben, dass wir da unterschiedlich ticken. Da ist es zentral, aufmerksam zuzuhören, was das eigentliche Bedürfnis ist, und nicht von sich auf die Partnerin zu schließen.

Modell 2: Er arbeitet selbstständig, sie fest angestellt

2 Kinder (9 und 11 Jahre alt)

Wie sieht euer Arbeitsmodell im Moment aus?

Meine Frau arbeitet 80 Prozent fest angestellt, also: Montag, Dienstag, Donnerstag und Freitag von 8.30 bis 17.30 Uhr. Ich selbst arbeite freiberuflich, habe aber viele wiederkehrende Aufträge. Die kann ich mir mehr oder weniger flexibel einteilen. Das führt einerseits dazu, dass ich oft auch unter der Woche private Termine wahrnehmen kann, was schwierig wäre, wenn beide fest angestellt wären, andererseits gibt es auch Termine, die an ein festes Datum gebunden sind und die ich nicht flexibel verschieben kann. Gefühlt arbeite ich deswegen eigentlich immer, weil ich entweder für die Familie oder für meinen Job arbeite. Reisen kommt ab und zu vor, ist aber eher die Ausnahme. Dafür muss ich sehr häufig am Samstag arbeiten, und es kommt auch nicht selten vor, dass am Sonntag etwas zu erledigen ist. Ich habe zwar rechnerisch zwei Tage in der Woche frei, aber die sind manchmal so gestückelt verteilt, dass es gar nicht auffällt. Das führt direkt dazu, dass ich nur empfehlen kann, sich Freizeit – egal, ob alleine oder mit Familie – auch als festen Termin in den Kalender einzutragen.

Wie würdest du im Idealfall die Elternzeit aufteilen?
Ich kann das nicht wirklich beantworten, weil ich nur Bonus-Kinder habe, das jüngste Kind habe ich kennengelernt, als es schon im Kindergarten war. Und ich weiß auch nicht, ob ich, wenn ich von Anfang an dabei gewesen wäre, schon dieselben Ansichten wie heute gehabt hätte, aber: Ich würde vom heutigen Wissensstand aus halbe/halbe machen wollen. Von der Aufteilung her am liebsten die erste Phase beide zusammen, dann ich eine längere Phase, dann die Mutter eine längere Phase. Ich erlebe das heute schon, und ich höre das auch von Eltern, die das so oder sehr ähnlich machen, dass die stärkere Mutterbindung eine Mär ist. Wenn von Anfang an beide da sind, hat das Kind zwei Eltern – und beide Eltern sind am Ende auch entspanntere Eltern. Ich will aber ehrlich sein: Ich hätte große berufliche Angst davor, als Freiberufler einfach monatelang weg zu sein – aber ich würde es trotzdem machen.

Wie geht ihr mit unterschiedlichen Standards, zum Beispiel beim Thema Sauberkeit, um?
Ein wichtiger Punkt war, erst einmal anzuerkennen, dass es das gibt und dass das erst einmal wertfrei ist. Es gibt also nicht ein »richtig« oder »falsch« – auch wenn sich das emotional so anfühlt, sondern einfach zwei verschiedene Bedürfnisse. Ich versuche

dann, zu erkennen, ob es entweder in die Kategorie fällt »Ist ihr total wichtig, aber ich kann eigentlich anders damit leben« oder aber umgedreht. Je nachdem wird danach gehandelt. Wenn das nicht geht, versuchen wir, das zur Sprache zu bringen und dabei vor allem auch rauszufinden, ob es wirklich um das Konkrete geht oder vielleicht einen tieferen Grund gibt.

Bei Sauberkeit hat derjenige recht, der sich sonst unwohl fühlt. Damit ist aber auch schon klar: Es gibt bei uns kaum Punkte, an denen wir richtig weit auseinanderliegen. Das macht es einfacher. Während ich hier so schreibe, stelle ich fest: So ganz genau kann ich die Frage gar nicht beantworten. Ist es eine Mischung aus gegenseitiger Zuneigung, organisch gewachsenem Verhalten und Immer-wieder-drüber-Reden, die es möglich macht, zusammenzuleben? Bei diesem Thema, aber auch sonst.

Wie handelt ihr Dinge aus?

Reden. Das ist wirklich alles. Mal hinterher, nachdem etwas schiefgelaufen ist und man sich schlimm gestritten hat. Meistens aber vorher, wenn man feststellt, dass da etwas auf einen zukommt, oder einfach den Alltag plant.

Dafür wiederum gibt es einen festen Termin. Den regelmäßig einzuhalten, ist ungemein hilfreich, weil es dann einen Zeitpunkt gibt, an dem man überlegt, was es vielleicht auszuhandeln gibt. Die andere Möglichkeit – das erst dann zu tun, wenn es den konkreten Bedarf gibt – ist viel anstrengender. Und das Maß ist immer, dass wir versuchen, alles halbe/halbe hinzubekommen. Das klappt nicht immer, aber wenn man es als Richtschnur nimmt, kann man sich daran immer wieder ausrichten.

Wie organisiert ihr Dinge?

Vor allem über drei Sachen:

1. Regelmäßiger Kalenderabgleich. Detailliert für die nächsten 14 Tage, grob für das nächste halbe Jahr.

2. Trello: Onlineplanungstool, in dem wir einen Wochenplan haben, in dem die nächsten sieben Tage besprochen werden. Für mich persönlich ist es witzigerweise so, dass ich da sehr selten reinschaue – aber dass dadurch, dass wir den zusammen ausfüllen, die Woche in meinem Kopf ist.

3. Eine geteilte Online-Einkaufsliste (welche konkret, ist eigentlich egal, die perfekte App habe ich sowieso noch nicht gefunden), auf der steht, was gerade fehlt. Es gibt Absprachen, wer wann Großeinkäufe macht, ansonsten kann man, wenn man eh gerade am Supermarkt vorbeiläuft, draufschauen, was man mitnehmen kann. Manchmal stehen da auch andere Sachen drauf, wenn wir die nicht vergessen wollen, und für Großevents legen wir manchmal eine Extraliste an.

Zur Organisation vielleicht noch ein inhaltlicher Punkt: Wir versuchen, möglichst kein »Der andere wird sich schon kümmern« aufkommen zu lassen, sondern jede Aufgabe wird jemandem zugewiesen, der sich dann darum kümmert. Das heißt nicht, dass er die alleine machen muss. Aber dass er dafür verantwortlich ist, dafür zu sorgen, dass sie erledigt wird. Das ist natürlich oft dasselbe, aber was die mentale Belastung angeht, ist das ein wichtiger Unterschied.

Wie ermöglicht ihr euch Paarzeit oder Zeit für euch selbst?

Das ist für mich dasselbe, und wir lösen das auch ähnlich. Solche Zeiten gibt es bei uns in zwei Varianten: spontan und geplant. Dadurch, dass die Kinder regelmäßig bei ihrem biologischen Vater sind, haben wir auch regelmäßig die Zeit, um zu sagen: »Hey, ich brauche Zeit für mich!« und »Hey! Lass uns Pärchenkram machen!«

Wichtig ist, dass man sowohl bei sich als auch beim anderen versucht, darauf zu achten und gegebenenfalls sanft darauf hinweist, wenn man merkt, dass der andere Zeit für sich benötigt. Und dass man andererseits sich auch nicht verpflichtet fühlt, mehr zu geben, als man hat.

Ein Beispiel war bei uns Urlaub alleine machen: Ich fahre jedes Jahr einmal ohne die Familie weg. Nicht, weil ich die nicht alle wahnsinnig lieb habe, sondern, weil ich gemerkt habe, dass es mir guttut, einmal im Jahr eine Zeit zu haben, wo ich ganz für mich sein kann. Es hat Überzeugungsarbeit gebraucht, bis meine Partnerin das auch mal für sich ausprobiert hat, und es tut ihr auch gut. (Das heißt nicht, dass das für jeden so ist – aber ich meine schon, dass man es mal ausprobieren sollte.)

Genauso ist Beziehungspflege im Alltag wichtig: Wir nehmen uns Paarsachen vor. Kleine Aufmerksamkeiten, einzelne Abende und, wenn es geht, auch gemeinsame Urlaube. Da gibt es dann immer noch die organisatorischen Hürden, aber in meiner Erfahrung sind die viel einfacher zu bewältigen, wenn man sich das erst einmal vorgenommen hat.

Was möchtest du einem Mann mit auf den Weg geben, der bislang vor allem die finanzielle Verantwortung getragen hat, sich aber nicht oder nur wenig in die Care-Arbeit einbringen konnte?

Für den Fall, dass ihr euch nicht beide bewusst für dieses Modell entschieden habt und immer wieder nachprüft, ob das für euch beide die beste Wahl ist: Ändere es lieber heute als morgen. Ich verspreche drei Sachen:

1. Das klingt vielleicht seltsam: Aber ihr werdet besser streiten können. Sowohl als Paar als auch mit den Kindern. Mir ist noch nicht ganz klar, woran das liegt, aber meine Vermutung ist, dass man dann nicht jemand ist, der keine Ahnung hat, aber trotzdem bestimmen will, sondern jemand, mit dem man auf Augenhöhe gemeinsam Dinge bewältigt hat.
2. Die Kinder werden nicht nur dann zu dir kommen, wenn Mama gerade sauer ist oder sie länger aufbleiben wollen, sondern weil du eine feste Bezugsperson in ihrem Leben geworden bist, die für sie unverzichtbar ist. (Glaub mir, wenn es passiert, wirst du den Unterschied deutlich merken, auch wenn du es jetzt für unwahrscheinlich hältst.)
3. Es wird den Moment geben, wo du total banale Hausarbeit machst, und dabei wird dich ein großes Glücksgefühl überströmen. Weil klar wird, dass ihr alle zusammen eine große, tolle Sache baut – eure Familie. (Bei mir war es beim Geschirrspülereinräumen. Tolle Sache.)

Mal ehrlich. Das ist schon auch alles sehr anstrengend. Welche Vorteile siehst du überhaupt? Was motiviert dich, dich einzubringen?
Die Frage finde ich komisch. Denn in meiner Vorstellung ist eine Familie eine Sache, die man zusammen macht. Und man kann Dinge nur zusammen machen, wenn man sie gemeinsam macht. Und gemeinsam machen kann man Dinge nur, wenn man sie sich aufteilt und nicht einem alles überlässt. Oder platt gesagt: Ich will eine Beziehung zu den Menschen in meiner Familie. Und das geht einfacher, wenn der Abwasch gemacht, der Müll runtergebracht ist und auch sonst alle versorgt sind. :)

Modell 3:
Beide arbeiten fest angestellt in Teilzeit

2 Kinder (10 und 12 Jahre alt)

Wie sieht euer Arbeitsmodell im Moment aus?
Im Moment arbeiten wir beide 70 Prozent. Jede*r 30 Stunden in der Woche. Ich fast nur an Werktagen, meine Frau hat einmal im Monat einen Samstagsdienst und ist momentan auch öfter am Abend beruflich unterwegs oder auf längeren, mehrtägigen Fortbildungen.

Wie sah eure erste Elternzeit aus?
Bei unseren beiden Kindern habe ich im ersten Jahr leider keine klassische Elternzeit genommen. Das Elterngeld war damals noch recht neu, und ich war Freiberufler, was es zusätzlich erschwert hat, Elternzeit zu nehmen. Im ersten Jahr war also meine Frau in Elternzeit. Ich habe aber schon vor der Geburt angefangen, nur noch in Teilzeit zu arbeiten. Das heißt, es gab immer 1,5 Tage in der Woche, an denen ich komplett für Kind und Familie da war. An den anderen Tagen habe ich auch von Anfang an versucht, meinen Beitrag zu leisten. Bis auf das Stillen war das auch überall möglich. Nach einem Jahr hat meine Frau dann auch wieder in Teilzeit gearbeitet.

Habt ihr in der zweiten Elternzeit etwas anders gemacht als in der ersten? Wenn ja, warum?
Ich war auch bei unserer Tochter immer noch freiberuflich tätig. Von daher hat sich nicht viel geändert. Ich habe weiter 70 Prozent

gearbeitet, und meine Frau war das erste Jahr zu Hause. Danach ist sie wieder in Teilzeit in den Job eingestiegen. Ich schätze mal, die ganze Care-Arbeit hat bis zu diesem Zeitpunkt zu 80 Prozent meine Frau übernommen.

Als unser zweites Kind dann vier Jahre alt war, hat sich unsere Jobverteilung komplett gedreht. Meine Frau begann, Vollzeit zu arbeiten, und ich blieb bei 70 Prozent, allerdings fast komplett im Homeoffice in einer Festanstellung. Diese Option hat sich bei uns beiden beruflich so ergeben, und wir fanden es gut, es mal so rum zu probieren. Ich habe also weniger gearbeitet als sie, weniger verdient und war dazu noch den ganzen Tag zu Hause. Das ging vier Jahre so. In der Zeit hab ich wahrscheinlich den Hauptteil der ganzen Hausarbeit erledigt. Ich war immer da, wenn die Waschmaschine gepiepst hat, und wenn die Kinder vom Kindergarten oder der Schule nach Hause kamen, war ich ihr erster Ansprechpartner und hab bei den Hausaufgaben geholfen.

Wie geht ihr mit unterschiedlichen Standards um?

Wir haben ja auch schon vor den Kindern mehrere Jahre zusammengelebt. Das heißt, wir hatten da schon genug Zeit, den anderen kennenzulernen und Sachen auszudiskutieren. Das klappt mal mehr, mal weniger gut. Natürlich gibt es auch heute noch Dinge, die mich nerven, genauso, wie es Dinge gibt, die meine Frau nerven. Aber das finde ich gar nicht so abhängig davon, ob man Kinder hat oder nicht. Wir haben im Laufe der Jahre einfach regelmäßig daran gearbeitet, gelassener zu werden.

Wie handelt ihr Dinge aus?

Reden, reden, reden. Streiten, streiten, streiten.

Wie organisiert ihr Dinge?

Aktuell kommen wir mit einem Zusammenspiel von Trello, Online-Familien-Kalender und verschiedenen Messengerdiensten eigentlich ganz gut zurecht. Ohne Smartphone und Internet wäre es aber wesentlich schwieriger, alles im Blick zu behalten. Relativ neu ist ein Aufgabenboard in der Küche, mit dem die Kinder auch langsam in die Hausarbeit integriert werden. Einmal in der Woche besprechen wir (zusammen mit den Kindern), was in der kommenden Woche alles ansteht und zu erledigen ist.

Wie ermöglicht ihr euch Paarzeit?

Die Großeltern leben leider recht weit weg. Das heißt, für die Alltagsbetreuung der Kinder haben wir ziemlich schnell Krippenplätze benötigt und zum Glück auch gefunden. Wir haben außerdem in unserer Stadt ein gutes soziales Netzwerk mit anderen Eltern und Nachbarn, und man hilft sich gegenseitig aus. Das ermöglicht uns gemeinsame Zeit. Wenn wir mal über ein Wochenende zusammen wegwollen, springen die Großeltern auch gerne ein und kommen den weiten Weg zu uns. Mittlerweile sind die Kinder auch schon so alt, dass sie auch mal einen Abend alleine bleiben, bis wir aus dem Kino zurück sind.

Wie schafft ihr es, dass jeder auch Zeit für sich selbst hat?

In dem die eine dem anderen den Rücken frei hält. Und andersrum. Also, wenn ich mal ein Wochenende wegwill, dann schmeißt meine Frau den Laden, und wenn sie ein Wochenende wegwill, dann ich. Mit Ausnahme der anfänglichen Stillmonate machen wir das schon seit der Geburt der Kinder so.

Was möchtest du einem Mann mit auf den Weg geben, der bislang vor allem die finanzielle Verantwortung getragen hat, sich aber nicht oder nur wenig in die Care-Arbeit einbringen konnte?

Ich hab mir irgendwann überlegt, ob es wirklich so toll ist, der Hauptернährer zu sein. Wenn ich immer Vollzeit gearbeitet hätte, hätte ich das ganz klassisch sein können, da ich bei den meisten Jobs, die ich hatte, mehr als meine Frau verdient habe. Ich hab aber auch schon ohne Kinder gemerkt, dass ich persönlich nicht so viel Wert auf Karriere lege. Dass wir beide ungefähr gleich viel zur Haushaltskasse beisteuern, nimmt mir einen großen Druck, den ich als Hauptернährer hätte. Dies hat es mir zum Beispiel erleichtert, meine letzte Stelle zu kündigen, ohne ganz genau zu wissen, wie es danach weitergeht. Als Hauptverdiener hätte ich wahrscheinlich noch ewig in einer Position verharrt, mit der ich eigentlich nicht zufrieden war. Außerdem habe ich das Gefühl, dass unsere Partnerschaft mehr auf Augenhöhe stattfindet. Wir haben beide Themen, die außerhalb der Kinderwelt stattfinden. Wenn meine Frau nur zu Hause wäre, kann ich mir gut vorstellen, dass irgendwann ein partnerschaftliches Ungleichgewicht mit Unzufriedenheit auf beiden Seiten entstehen würde. Ich glaube, dass viele Männer es vielleicht noch als Schwäche ansehen, wenn sie nicht der Hauptернährer sind und keine Karriere machen. Ich finde, dafür gibt es aber eigentlich gar keinen Grund. Den ganzen Familienkram zu managen, ist mindestens genauso anstrengend und fordernd wie ein Projekt im Job. Von daher kann ich eigentlich nur jeden Mann ermutigen, sich mehr an der Familienarbeit zu beteiligen. Und zwar nicht im Sinne von »Ich unterstütze meine Frau dabei«, sondern mehr so: »Ich erledige meine Hälfte und sie ihre.« Echte gleichberechtigte Arbeitsteilung ist nämlich nicht, das Geschenk für den nächsten Kindergeburtstag der besten Freundin der Tochter zu besorgen, weil deine Frau es dir aufträgt. Wirklich gleichberechtigte Arbeitsteilung ist, wenn DU automatisch in die WhatsApp-Gruppe für den Kindergeburtstag aufgenommen wirst, weil die anderen Eltern dich als Ansprechpartner kennen und ernst nehmen, und nicht nur deine Frau. Und wenn du dann das Geschenk raussuchst und besorgst.

Im Nachhinein finde ich es schade, dass ich gerade in den ersten beiden Jahren der Kinder nicht noch mehr teilhaben konnte. Ich glaube, ich hab schon sehr viel mitbekommen und gemacht, aber mit dem jetzigen Wissen würde ich heute bei einem dritten Kind alle beruflichen Hebel in Bewegung setzen, um noch früher mindestens 50 Prozent da zu sein.

Mal ehrlich. Das ist schon auch alles sehr anstrengend. Welche Vorteile siehst du überhaupt? Was motiviert dich, dich einzubringen?
Ich finde meine Arbeit schön, und ohne wäre das Leben langweilig, aber ich finde es noch viel schöner, Zeit mit meinen Kindern zu verbringen. Wenn man die Kinder mehrmals wöchentlich in der Krippe abholt oder zu Hause ist, wenn sie aus der Schule kommen, bekommt man viel mehr von ihrem Leben mit. Kinder erzählen meistens nicht abends auf Kommando am Esstisch oder beim Event-Ausflug am Wochenende, was sie gerade *wirklich* beschäftigt oder bedrückt. Das sprudelt *irgendwann* aus ihnen heraus. Und je mehr Zeit man mit ihnen verbringt, desto wahrscheinlicher ist es, dass man bei diesem *Irgendwann* dabei ist. Ich habe das Gefühl, ich kenne meine Kinder dadurch besser, als wenn ich nur abends gestresst von der Arbeit heimkommen und ihnen noch schnell einen Gutenachtkuss auf die Wange drücken würde. Au-

ßerdem lernt man auch viel leichter die Eltern der Freunde und Freundinnen der Kinder kennen. Bei allem Lästern über andere Eltern mir macht es Spaß, Kontakte zu knüpfen, sich auf dem Spielplatz zu verabreden, zu quatschen. Ich hab da in den letzten Jahren einige nette Menschen kennengelernt, die ich auch unabhängig von den Kindern mag. Der wichtigste Grund aber ist: Mir fällt kein Argument ein, warum meine Frau irgendwas im Haushalt oder mit den Kindern besser können sollte als ich (abgesehen vom Stillen). Die logische Schlussfolgerung ist: Wir können das beide gleich gut und teilen es deshalb auch gleich auf.

Modell 4: Beide arbeiten selbstständig

3 Kinder (3, 7 und 10 Jahre alt)

Wie sieht euer Arbeitsmodell im Moment aus?
Wir arbeiten beide freiberuflich. Die genauen Wochenstunden sind schwer auszurechnen, denn wir haben uns über die Jahre angewöhnt, tagsüber so gut zu arbeiten, wie es geht, und dann abends, wenn die Kinder schlafen (bevor wir jeden Abend ein festes Netflix-Date haben). Am Wochenende geben wir uns manchmal je nach Bedarf gegenseitig Zeit, wenn ein wichtiges Projekt beendet werden muss. Vor allem Buchprojekte lassen sich nicht nur nachts fertig schreiben …

Wochentags bringe meistens ich die Kinder zu Kita und Schule, arbeite an zwei bis drei Tagen in Büros und den Rest zu Hause. Meine Frau arbeitet hauptsächlich zu Hause, holt die Kinder an drei

Tagen ab, am vierten gibt sie einen Kurs in einer Schule, und am fünften losen wir immer aus, wer den Trip zur weit entfernten Musikschule übernimmt. Meine Frau ist alle paar Wochen auf Lesereisen, zu der wir sie manchmal begleiten, wenn der Ort schön ist, oder auch nicht, wenn sich der Reiseaufwand mit Familie nicht lohnt.

Wirklich schwierig wird es, wenn Kinder krank sind und wir beide nicht so richtig zum Arbeiten kommen. Das ist stressig, und wir versuchen, uns je nach Dringlichkeit gegenseitig Arbeitszeit freizuschaufeln.

Wie sah eure erste Elternzeit aus?

Wir hatten schon damals die Idee, dass meine Frau so früh, wie es gut für sie und das Kind passt, wieder arbeitet. Als unsere Tochter neun Monate alt war, hat sie wieder zu arbeiten begonnen. Ich erinnere mich sehr gern daran, wie ich mit unserer Tochter im Tragetuch unterwegs war, während sie Eltern-Kind-Kurse gab. Wir hatten vorab besprochen, dass es wichtig ist, dass wir nicht den Fehler machen, nur nach dem Einkommen pro Stunde zu sehen bei der Entscheidung, wer wann arbeitet, sondern dass wir die Arbeitszeit generell schätzen und auch keine Lücke im Arbeitsleben entstehen lassen, die dann später nicht mehr ausgeglichen werden kann.

Außerdem hat meine Frau in der Elternzeit eine zeitintensive Weiterbildung besucht, die ich zum Ausgleich bezahlt habe.

Habt ihr in der zweiten Elternzeit etwas anders gemacht als in der ersten? Wenn ja, warum?

Auch beim zweiten Kind haben wir wieder versucht, beide abwechselnd zu arbeiten. Mit zwei Kindern ist alles deutlich komplizierter als mit nur einem Kind. Beim zweiten Kind dachten wir, dass eine Anstellung für mich gut wäre, um uns finanziell besser abzusichern, und ich bin drei Wochen nach der Geburt wieder arbeiten gegangen. Es zeigte sich aber schnell, dass das keine gute Idee war: Unser zweites Kind hatte ein ganz anderes Temperament als das erste und musste sehr stark umsorgt werden. Unser größeres Kind war gerade am Übergang von der Tagespflege zur Kita, und die neue Kita war so schlecht, dass wir es nach kurzer Zeit wieder herausnahmen und meine Frau dann mit zwei Kindern, davon eines mit sehr starken Bedürfnissen, zu Hause war. Wir haben gemerkt, dass unsere Planungen nicht funktioniert haben und wir ein flexibleres System brauchen, um die Kinder gut zu umsorgen und gleichzeitig auch auf uns zu achten.

Habt ihr in der dritten Elternzeit wieder etwas verändert? Wenn ja, warum?

Beim dritten Kind hatten wir aus den Erfahrungen gelernt und wussten: Es ist wichtig, dass wir sehen, wie dieses Kind ist, und uns daran anpassen in unseren Strukturen. Wir wussten, dass es nicht möglich ist, einem Elternteil mehr Last aufzubürden, gerade auch in emotionaler Sicht, und haben das eingeplant.

Das dritte Kind kam dann aber mit einem sehr ausgeglichenen Temperament zu uns und war einfach immer und bei uns beiden gleichermaßen zufrieden. Meine Frau hat einfach in den Schlafenszeiten der beiden kleineren Kinder (das zweite Kind ging nicht in den Kindergarten) und abends gearbeitet und an den Wochenenden, an denen ich dann mit den Kindern zeitweise Ausflüge gemacht habe. Zu Tagungen und Lesungen haben wir sie begleitet, und ich habe die Kinderbetreuung übernommen.

Auch unsere Verteilung der Hausarbeit hat sich mittlerweile gut ergeben: Ich bin für alles rund um Essen, Kochen, Vorräte und Haushaltsbedarf-Einkaufen zuständig, meine Frau für Kleidung und Aufräumen.

Wie geht ihr mit unterschiedlichen Standards um?
Wir nehmen Rücksicht aufeinander und gestehen uns unsere Bedürfnisse, Erwartungen und auch Schrulligkeiten zu. Oft sind Dinge einer Person wichtiger als der anderen. Dann ist es sinnvoll, wenn man einfach loslässt und vielleicht an anderer Stelle betont, dass einem etwas wichtig ist. Prinzipiell sind wir uns aber einig darin, wie wir uns den Umgang mit Kindern und Arbeit wünschen, und lange genug zusammen, um zu wissen, was der oder die andere will.

Wie handelt ihr Dinge aus?
Hektisch! Wir reagieren oft auf äußere Dringlichkeiten und versuchen, danach Arbeitszeiten zu gewichten. »Ich muss dringend einen Text abgeben …«, »Ich war zu lange nicht im Büro …« sind zum Beispiel Probleme, die gelöst werden müssen. Manchmal treffen mehrere solcher Anforderungen aufeinander, und dann muss man Zwischenlösungen finden (»Du arbeitest bis mittags, ich hole die Kinder, und dann wechseln wir nachmittags«). Und bei Dingen, die wir eigentlich beide nicht machen wollen, machen wir Schnick-Schnack-Schnuck.

Wie organisiert ihr Dinge?
Wir haben beide Kalender und Bullet-Journals, schreiben uns auch E-Mails und Nachrichten. Ich versuche manchmal, meine

Frau manche Sachen gar nicht erst wissen lassen zu müssen, dann spart man der anderen Person Gehirnzeit. Auch ist es wichtig, einfach Dinge zu machen, die dann manchmal nicht perfekt sind, aber dafür erledigt. Mit elektronischen Tools arbeiten wir bis auf einen Google-Kalender derzeit kaum.

Wie ermöglicht ihr euch Paarzeit?
Wir haben ein festes Date jeden Abend. Um 23 Uhr setzen wir uns gemeinsam aufs Sofa, sehen eine Serie, essen dabei gefrorenes Obst oder reden über dies und jenes. Dieses Ritual ist sehr wichtig für uns, und wir machen das jetzt viele Jahre.

Wie schafft ihr es, dass jeder auch Zeit für sich selbst hat?
Tagsüber haben wir öfters Zeit zu zweit zu Hause, wenn wir im Homeoffice sind. Das sind zwar Arbeitszeiten, aber ich koche dann oft Mittag für uns, wir essen gemeinsam und lästern nebenbei ein wenig über dies und jenes, und es ist schön, so den Alltag zu teilen.

Was möchtest du einem Mann mit auf den Weg geben, der bislang vor allem die finanzielle Verantwortung getragen hat, sich aber nicht oder nur wenig in die Care-Arbeit einbringen konnte?
Es ist kaum in Worte zu fassen, wie viel Kinder in einem verändern, wie viel Liebe man empfinden kann, wie viel man erlebt, wie viel man auch über sich erfährt. Bei all dem unendlich vielen Stress, dem Schlafentzug und dem Kindergebrüll gibt es einem etwas, was ich um nichts in der Welt missen möchte. Und wenn die Argumentation weniger emotional sein soll: Letztens erklärte mir mein Steuerberater, wie erstaunlich es sei, dass wir als Paar beide gut im Berufsleben stehen würden. Das sähe er sonst nicht so. Das

ist auch das Ergebnis davon, dass wir jahrelang zunächst unökonomische Entscheidungen getroffen haben: Wir haben drauf geachtet, dass wir beide in unserem Beruf einen Schritt nach dem anderen machen, und uns zugleich Raum gegeben, uns beruflich umzuorientieren, wenn es nicht mehr passte. Nun profitieren wir beide davon, nicht mit der beruflichen Last eines Alleinverdienenden zu leben, sondern uns auch in unserer Teilzeit Pausen zum Atmen nehmen zu können, und das fühlt sich gut an.

Mal ehrlich. Das ist schon auch alles sehr anstrengend. Welche Vorteile siehst du überhaupt? Was motiviert dich, dich einzubringen?
Eine gute Freundin von mir würde jetzt sagen, dass »sich einbringen« ja schon die falsche Fragestellung sei, weil man sich als Mann weder einbringt noch hilft, sondern einfach einen Teil der Verantwortung hat.

Zum Schluss

So, liebe Leser*innen – was haben wir gelernt? Ich hoffe, eine Menge, und vor allem, dass es nicht den oder die Schuldigen gibt, weil es gar nicht um Schuld geht, wenn wir auf das Problem Mental Load schauen. Es gibt auch nicht den einen Grund, den wir finden und ändern müssen, und dann ist alles gut. Je mehr ich mich mit Mental Load beschäftigt habe, desto klarer wurde mir außerdem: Es geht auch nicht um das richtige Organisationssystem. Das dachte ich nämlich zu Beginn. Wir leben schließlich im Zeitalter der (Selbst-)Optimierung. Sei effizienter, nutze bestehende Ressourcen besser, und schwups ist das Problem gelöst.

Für mich war es eine große Erkenntnis, dass Haushalt und Kinder nicht besser organisiert werden müssen, damit sich Mental Load reduziert. Das Gegenteil ist der Fall: Weglassen, Freiräume schaffen, Loslassen, Effizienz Effizienz sein lassen – das bringt Erleichterung. Eine gute Kommunikationskultur pflegen, Dinge gemeinsam machen und vor allem als Paar Energie darauf verwenden, füreinander da zu sein – das löst langfristig den Knoten. Es gibt am Ende also nur eine einzige Voraussetzung, um Mental Load in den Griff zu bekommen: Es gibt zwei Partner, und die sind bereit, etwas zu ändern. Dann ist es ganz einfach: **Eine*r bringt sich mehr ein, und der oder die andere lässt los**. Das ist die gerade mal zwölf Worte lange Lösung.

Abschließen möchte ich mit dem wunderbaren Mantra von Tobias Scholz aus *Papa kann auch stillen*. Auf die Frage, was er denn davon habe, die Gleichberechtigung der Partnerin nicht nur zu ertragen, sondern aktiv zu unterstützen, antwortet er: »[Es gibt mir] die Möglichkeit, ein aktiver Vater zu sein. Eine enge Bindung zu meinem Kind. Eine unabhängige, zufriedene Partnerin. Entlastung von dem Druck, eine Familie allein ernähren zu müssen. Freiheiten und Wahlmöglichkeiten im Job, die ich sonst nie haben könnte.«[1]

Wenn das das Mantra des neuen Vaters ist, dann soll das dazugehörige Mantra der neuen Mutter lauten: »Geteilter Mental Load gibt mir die Möglichkeit, einer von zwei gleichwertigen Elternteilen für mein Kind zu sein. Ein gutes Vorbild für mein Kind. Einen Partner, den ich sehr wertschätze und für den ich dankbar bin. Die Möglichkeit, mich auch im Job zu verwirklichen und finanziell unabhängig zu sein.«

LITERATURVERZEICHNIS

Allen, David: Getting things done. New York: Penguin, 2015

Ariel, India (2016): »Why is laundry only a mother's job? Dads #ShareThe-Load (Hindi) – Ariel«, 19. Februar, https://www.youtube.com/watch?v=wJukf4i fuKs

Arndt, Susanne (2008): »Die Frau vom Hausmann: Wenn Mama das Geld verdient«, Brigitte, 29. August, https://www.brigitte.de/aktuell/gesellschaft/familie---die-frau-vom-hausmann---wenn-mama-das-geld-verdient-10121850.html

Brauer, Angelika (2013): »Putzen oder lieben«, Tagesspiegel, 2. April, https://www.tagesspiegel.de/kultur/paarbeziehungen-heute-putzen-oder-lieben/8011202.html

Brzoska, Maike (2018): »Wie viel mein Partner verdient? Keine Ahnung!«, Zeit Online, 6. Dezember, https://www.zeit.de/arbeit/2018-11/geld-partnerschaft-liebe-finanzen-konto-beziehung/komplettansicht

DaveHax (2013): »How to Fold a Shirt in Under 2 Seconds«, 12. Juni, https://youtu.be/uz6rjbw0ZA0

Dobmeier, Julia und Fux, Christiane (2018): »Burnout«, Netdoktor, 28. Juni, https://www.netdoktor.de/krankheiten/burnout/

Emma (2017): »Du hättest doch bloß fragen müssen!«, Krautreporter, 12. Juli, https://krautreporter.de/1983-du-hattest-doch-bloss-fragen-mussen

Emma (2017): »My BBC Interview«, Emmaclit, 3. Juni, https://english.emmaclit.com/2017/06/03/my-bbc-interview/

Eubel, Cordula (2019): »Nirgendwo ist die Rentenlücke zwischen Männern und Frauen größer«, Tagesspiegel, 27. November, https://www.tagesspiegel.de/politik/deutschland-im-oecd-vergleich-schlusslicht-nirgendwo-ist-die-rentenluecke-zwischen-maennern-und-frauen-groesser/25275228.html

Ficociello, Nicole (ohne Datum): »Kein Kaffee, kein Kuchen und kein Theater«, Das Erste, https://www.daserste.de/unterhaltung/film/themenabend-armut-und-ver schuldung/altersarmut-ursache-tipps-100.html

Franken, Robert (2019): »Bartleby trifft Anti-Eisenhower – Wie wir der Überforderung vielleicht entkommen«, Digitale Tanzformation, 14. Januar, https://digita letanzformation.wordpress.com/2019/01/14/bartleby-trifft-anti-eisenhower-wie-wir-der-uberforderung-vielleicht-entkommen/

Hanne, Christian (2019): »Kizz-Kolumne: Sind Väter die entspannteren Eltern?«, Familienbetrieb, 13. Oktober, https://www.familienbetrieb.info/kizz-kolumne-sind-vaeter-die-entspannteren-eltern/

Hartley, Gemma: Es reicht. München; Goldmann, 2019

Heinecke-Müller, M. (2020): »Hilflosigkeit, gelernte/erlernte«, Dorsch – Lexikon der Psychologie, https://m.portal.hogrefe.com/dorsch/hilflosigkeit-gelernte erlernte-1/

Hobler, Dietmar; Pfahl, Svenja und Hentsche, Linda (2017): »Erwerbskonstellationen in Paarhaushalten 2017«, Wirtschafts- und Sozialwissenschaftliches Institut der Hans-Böckler-Stiftung, https://www.boeckler.de/53496.htm

Hobler, Dietmar und Pfahl, Svenja (2017): »Zeitaufwand für Fürsorgearbeit 2012/2013«, Wirtschafts- und Sozialwissenschaftliches Institut der Hans-Böckler-Stiftung, https://www.wsi.de/de/sorgearbeit-14618-zeitaufwand-fuer-fuersorge arbeit-20122013-14911.htm

Jansen, Andrea (2018): »Wie viel arbeite ich? Die Rechnung: Care Work + Paid Work + Mental Load«, Anyworkingmom, 1. Oktober, https://www.anyworking-mom.com/wieviel-arbeite-ich-die-rechnung-care-work-paid-work-mental-load/

Juncke, David; Braukmann, Jan und Heimer, Andreas (2018): »Väterreport 2018«, BMFSFJ, https://www.bmfsfj.de/blob/127268/2098ed4343ad836b2f0534146ce590 28/vaeterreport-2018-data.pdf

Lohaus, Stefanie und Scholz, Tobias: Papa kann auch stillen. München: Goldmann, 2015

König, Jochen (2017): »Maternal Gatekeeping«, Website Jochen König, 20. Januar, https://jochenkoenig.net/2017/01/20/maternal-gatekeeping/

Kramer, Karen; Kelly, Erin und McCulloch, Jan (2013): »Stay-at-Home Fathers: Definition and Characteristics Based on 34 Years of CPS Data«, Journal of Familiy Issues, 12. September, https://journals.sagepub.com/doi/abs/ 10.1177/0192513X13502479?journalCode=jfia

Kramer, Karen; Hanjin, Bae; Cheong-ah, Huh und Pak, Sunjin (2019): »The positive spillover and crossover of paternity leave use: A dyadic longitudinal analysis«, Journal of Vocational Behavior, Dezember-Ausgabe, https://www.sciencedi rect.com/science/article/abs/pii/S0001879119300685

Lockman, Darcy (2019): »What ›Good‹ Dads Get Away With«, The New York Times, 4. Mai, https://www.nytimes.com/2019/05/04/opinion/sunday/men-pa renting.html

Luz de León, Anna (2014): »let's talk about sex, baby: über das sexleben als eltern«, Berlin Mitte Mom, 16. Juni, https://berlinmittemom.com/lets-talk-about-sex-baby-ueber-das-sexleben-als-eltern/

Mamamia (2019): »The Sexiest Man In The World | Mother's Day 2019«, 7. Mai, https://youtu.be/XHMpRX0HzKY

Madrigal, Alexis (2014): »Dads on Sitcoms«, The Atlantic, 29. Juni, https://www.the atlantic.com/entertainment/archive/2014/06/dads-on-sitcoms/373673/

MDR Spaßzone (2018): »Moritz Neumeier: Sexismus«, 12. Juni, https://youtu.be/ yZjyE2ZTIhA?

Mierau, Susanne: Mutter. Sein. Von der Last eines Ideals und dem Glück des eigenen Weges. Weinheim und Basel: Beltz, 2019

Miller, Claire Cain (2018): »How Same-Sex Couples Divide Chores, and What It Reveals About Modern Parenting«, The New York Times, 16. Mai, https://www.nytimes.com/2018/05/16/upshot/same-sex-couples-divide-chores-much-more-evenly-until-they-become-parents.html

Miller, Claire Cain (2020): »Young Men Embrace Gender Equality, But They Still Don't Vacuum«, The New York Times, 11. Februar, https://www.nytimes.com/2020/02/11/upshot/gender-roles-housework.html

Mohr, Daniel (2015): »Kinder kosten ein Vermögen«, Frankfurter Allgemeine Zeitung, 26. Juli, https://www.faz.net/aktuell/finanzen/meine-finanzen/vermoegensfragen/was-kostet-ein-kind-bis-zum-abschluss-des-studiums-13718883.html

Neumann, Lisa (2019): »Altersarmut: Frauen zeigen auf Twitter ihre Rentenbescheide – die Zahlen sind alarmierend«, Watson, 7. November, https://www.watson.de/leben/politik/844083074-altersarmut-frauen-zeigen-ihre-rentenbescheide-die-zahlen-sind-alarmierend

N. N. (ohne Datum): »Wie Sie ein toller Papa mit nur 15 Minuten Zeit am Tag sein können«, Babycenter, https://www.babycenter.de/a35204/wie-sie-ein-toller-papa-mit-nur-15-minuten-zeit-am-tag-sein-koennen

N. N. (2019): »Gender Care Gap – ein Indikator für die Gleichstellung«, BMFSFJ, 27. August, https://www.bmfsfj.de/bmfsfj/themen/gleichstellung/gender-care-gap/indikator-fuer-die-gleichstellung/gender-care-gap---ein-indikator-fuer-die-gleichstellung/137294

N. N. (2018): »Statistiken zum Thema Scheidung«, statista, 29. August, https://de.statista.com/themen/134/scheidung/

N. N. (ohne Datum): »Das Geheimnis der resignativen Reife«, Erlebte Paarberatung, https://www.erlebte-paarberatung.de/glueckliche-langzeitpaare/resignative-reife.html

N. N. (ohne Datum): »Was bedeutet gemeinsames Sorgerecht?«, Trennungs-FAQ, https://www.trennungsfaq.de/kinder/sorgerecht/gemeinsames-sorgerecht/

N. N. (ohne Datum): »Kinderrechte/Elternpflichten«, Zentrum Bayern Familie und Soziales Bayerisches Jugendamt, https://www.elternimnetz.de/kinder/erziehungsfragen/schuetzen/kinderrechte.php#7

N. N. (2019): »IT-Konzern HPE lockt mit Elternzeit bei vollem Gehalt«, Der Spiegel, 25. November, https://www.spiegel.de/karriere/hewlett-packard-enterprise-sechs-monate-elternzeit-bei-vollem-gehalt-a-1298079.html

N. N. (ohne Datum): »Das Kommunikationsquadrat«, Schulz von Thun Institut für Kommunikation, https://www.schulz-von-thun.de/die-modelle/das-kommunikationsquadrat

N. N. (2016): »Frauen in Führungspositionen im EU-Vergleich«, BMWI, https://www.bmwi.de/Redaktion/DE/Infografiken/Wirtschaft/frauen-in-fuehrungsposi

tionen-eu-vergleich.html
Sackmann, Christoph (2019): »Mit diesem Einkommen gehört ihr in eurem Bundesland zu den oberen 50 Prozent«, Finanzen100, 18. September, https://www.finanzen100.de/finanznachrichten/wirtschaft/lohnunterschiede-mit-diesem-einkommen-gehoert-ihr-in-eurem-bundesland-zu-den-oberen-50-prozent_H54665573_476378/
Schrupp, Antje (2013): »Wenn die Mama ein Mann ist«, beziehungsweise und weiterdenken, 28. Mai, http://www.bzw-weiterdenken.de/2013/05/wenn-die-mama-ein-mann-ist/
Slaughter, Anne-Marie: Was noch zu tun ist. Köln: Kiepenheuer & Witsch, 2016
Stertz, Anna; Grether, Thorana und Wiese, Bettina (2017): »Gender-role attitudes and parental work decisions after childbirth: A longitudinal dyadic perspective with dual-earner couples«, Journal of Vocational Behavior, August-Ausgabe, https://www.sciencedirect.com/science/article/abs/pii/S0001879117300453
Sveland, Maria: Bitterfotze. Köln: Kiepenheuer & Witsch, 2011
Tatinger, Ben (ohne Datum): »I do not help my wife«, Ladies Pass It On, https://ladiespassiton.com/2017/06/12/i-do-not-help-my-wife/
TVClips10 (2017): »Vorwerk Werbung Familienunternehmen 2003«, 16. April, https://youtu.be/3CGBOU-02sM
Vachon, Amy und Marc: Wirklich gemeinsam Eltern sein. Freiburg 2012
Vollmer, Miriam (2018): »Halbe, halbe«, Fleischmagazin, Ausgabe 50, https://www.fleischmagazin.at/index.php/2-uncategorised/19-halbe-halbe
Letzter Zugriff auf die Websites aus dem Literaturverzeichnis: 26. Februar 2020

DANKSAGUNG

Danke, Marcus! Ohne dich wüsste ich zwar, was Mental Load ist, hätte aber keine Ahnung, wie man ihn teilt. Noch weniger wüsste ich, wie es sich anfühlt, in einer gleichberechtigten Beziehung zu leben.

Ganz tief in mir drin ist es mir dennoch ein Rätsel, warum Männer, die sich der ganzen Familienverpflichtung leicht entziehen können, zum Beispiel weil sie eben erst ein paar Jahre nach der Geburt der Kinder dazu kommen, sich das alles mit so viel Engagement und Liebe ans Bein nageln. Vielleicht könntest du dazu mal ein Buch schreiben – oder wenigstens einen Podcast machen?

Jedenfalls: Liebe hin oder her – wegen der Street-Credibility können wir uns jetzt leider nicht mehr trennen. Ich hoffe, das ist dir klar.

Danke auch an Susanne und Caspar Clemens Mierau, die mir immer als Gesprächspartner*innen und Reflexionshilfe zur Seite stehen! Ihr seid außerdem ein großes Vorbild in Sachen Mental Load teilen, und von Susanne habe ich viel über das Muttersein gelernt.

Meiner Community möchte ich außerdem auch Danke sagen. Denn hier bekomme ich viele Denkanstöße, Beispiele und jede Menge konstruktiven Austausch. Mögen alle Menschen im Internet so viel Flausch erfahren! Mögen meine Texte etwas von der positiven Energie zurückgeben, die ich erfahre. Jedes Feedback bedeutet mir etwas.

Wenn ihr übrigens noch mehr über bessere Aufteilung lesen wollt, dann möchte ich zwei Bücher wirklich sehr dringend empfehlen. Ich habe sie bereits erwähnt, aber sie sind es wirklich wert, gekauft, gelesen und dann gelebt zu werden. Gemeint sind:

- Amy und Marc Vachon, *Wirklich gemeinsam Eltern sein: Das Handbuch für die neue Eltern-Generation*
- Stefanie Lohaus und Tobias Scholz, *Papa kann auch stillen*

Danke auch an Lisa Seelig, Redakteurin bei EDITION F, die mich 2018 für einen Vortrag auf dem Female Future Force Day angefragt hat. Da ist mir nämlich überhaupt erst der Gedanke gekommen, dass das Thema Mental Load vielleicht noch andere interessiert. Die Reaktionen im Anschluss waren überwältigend und haben viele andere Frauen inspiriert, auch über Mental Load zu schreiben. Das finde ich gut, denn das befreit, macht das Thema bekannter und bringt viele Perspektiven zusammen. Ich sehe andere Autorinnen nicht als Konkurrenz. Wir sind Verbündete, die gemeinsam daran arbeiten, dass wir uns weniger belastet fühlen.

DIE AUTORIN

Patricia Cammarata ist Diplom-Psychologin und schreibt seit 2004 unter dem Pseudonym *dasnuf* im Internet, und das so erfolgreich, dass sie bereits mehrere Preise gewonnen hat. Sie ist Autorin mehrerer Bücher, und ihre Podcasts *Mit Kindern leben* und *Nur 30 Minuten* werden regelmäßig von mehreren Tausend Menschen gehört.

Seit mehr als einem Jahrzehnt arbeitet sie im IT-Bereich und hat ein großes Faible für digitale Themen. Ihr ist als Feministin irgendwann aufgegangen, dass das Thema »Mental Load« viel mit dem Thema Projektmanagement gemein hat und dass die richtigen Tools und Methoden helfen können, die Verantwortungslast besser zu verteilen. Am Ende bleibt es aber dabei: Kein Tool der Welt kann gute Kommunikation ersetzen.

Patricia ist in Deutschland Pionierin in Sachen »Mental Load«, ihr 2018 auf dem Female Future Force Day gehaltener Vortrag »Warum endet die Gleichberechtigung so oft mit der Geburt des ersten Kindes? Was Mental Load damit zu tun hat« hat so große Wellen geschlagen, dass sich in der Zwischenzeit (erfreulicherweise!) viele mit dem Thema beschäftigen.

Ihr aktuelles Vortragsthema ist überschrieben: »Mental (Over) Load!« – Der Weg raus aus der Falle

Inhalt:
Vielen Frauen ist oft gar nicht klar, woher ihre Daueranspannung kommt, denn heutzutage haben die meisten einen Partner, der durchaus »hilft«. Trotzdem wird bei vielen der Frust immer größer, und Konflikte in der Partnerschaft sind vorprogrammiert.

Es ist deswegen wichtig zu erklären, was Mental Load ist und wie man nicht nur die Aufgaben, sondern auch die Verantwortung in der Familie miteinander teilt.

Dass wir uns das für unser Privatleben wünschen, ist klar. Verantwortung zu teilen ist aber nicht nur für das Private gut. Geteilter Mental Load eröffnet auch im Job neue Perspektiven! Der freie Kopf macht es vor allem Frauen möglich, sich in ihrem Berufsleben zu verwirklichen. Deswegen ist das Thema auch für Arbeitgeber interessant:

- Wie kann man den Familienalltag gerechter organisieren?
- Welche Tools können bei der Planung unterstützen?
- Was können wir von der Arbeitswelt lernen und übertragen?
- Wie gibt man Verantwortung ab?
- Wie löst man sich von gewohnten Mustern?
- Welche Vorteile hat es, Verantwortung abzugeben, Aufgaben zu rotieren?

Vortragsanfragen gerne an patricia.cammarata@dasnuf.de
dasnuf.de
mkl.wtf
nur30min.de

ANMERKUNGEN

Das Symptom: Totale Erschöpfung

1. Deutsche Übersetzung: https://krautreporter.de/1983-du-hattest-doch-bloss-fragen-mussen

Die Diagnose: Mental Load

1. https://youtu.be/3CGBOU-02sM
2. Der Podcast ist hinter einer Bezahlschranke. Deswegen ist es nicht möglich, direkt auf die Folge zu verlinken.
3. Das ist natürlich ein Denkfehler. Denn wenn man es ein-, zweimal erklärt, kostet das zwar erst Zeit, aber dann sollte es doch von alleine laufen. Mein Bild dazu ist: »Sorry, ich kann die Kettensäge nicht benutzen, ich bin so beschäftigt, mit einer Axt Bäume zu fällen, ich habe einfach keine Zeit, die Gebrauchsanweisung für die Kettensäge zu lesen.«
4. Wen es näher interessiert, wie wir in diese (Mütter-)Stereotypien geraten und welcher Anteil erlernt und welcher genetisch ist, dem sei das Buch *Mutter. Sein.* von Susanne Mierau sehr ans Herz gelegt.
5. https://www.nytimes.com/2018/05/16/upshot/same-sex-couples-divide-chores-much-more-evenly-until-they-become-parents.html
6. https://www.nytimes.com/2020/02/11/upshot/gender-roles-housework.html?sc_src=email_1352281&sc_lid=124607219&sc_uid=dzVpQlzTJo&sc_llid=149&utm_medium=email&utm_source=emarsys&utm_content=www.nytimes.com%2F2020%2F02%2F11%2Fupshot%2Fgender-roles-housework.html&utm_campaign=SZ+Familie+KW+07%2F20
7. https://www.nytimes.com/2018/05/16/upshot/same-sex-couples-divide-chores-much-more-evenly-until-they-become-parents.html
8. https://www.nytimes.com/2020/02/11/upshot/gender-roles-housework.html
9. Männer sind immer mit gemeint, wenn es in einer Beziehung mal andersherum ist.
10. https://www.bmfsfj.de/bmfsfj/themen/gleichstellung/gender-care-gap/indikator-fuer-die-gleichstellung/gender-care-gap---ein-indikator-fuer-die-gleichstellung/137294
11. https://www.wsi.de/de/sorgearbeit-14618-zeitaufwand-fuer-fuersorgearbeit-20122013-14911.htm

12. https://www.brigitte.de/aktuell/gesellschaft/familie---die-frau-vom-hausmann---wenn-mama-das-geld-verdient-10121850.html
13. Maria Sveland, *Bitterfotze*, Köln 2011, S. 173 f.

Symptome lindern: Weniger ist mehr

1. »Sinnlose Arbeiten (*Bullshit Jobs*) sind solche, die keinem wirklichen Zweck dienen, die weder etwas für die Menschheit noch etwas für den Planeten bedeuten. Es lässt sich leicht feststellen, ob man einer sinnlosen Arbeit nachgeht: Stellen Sie sich vor, dass sie verschwindet, und fragen Sie sich, welchen Einfluss das auf die Gesellschaft hätte.« *The Mental Load: A Feminist Comic*, S. 111.
2. Männer natürlich auch nicht, wenn die Frau z. B. Alleinverdienerin der Familie ist, was in weniger als 5 Prozent aller Familien in Deutschland so ist; https://www.boeckler.de/53496.htm
3. Funfact: Bei dieser Rechnung wird mir oft gesagt, so viel würden ja nur sehr wenige verdienen. Springt mal in den Abschnitt »Mehr als zwei Alibimonate Elternzeit«. Da geht es um den Elterngeldhöchstsatz. Da protestieren die gut Verdienenden plötzlich nicht mehr, sondern betonen, dass sie ja so viel mehr verdienen, dass sie es sich aufgrund der Differenz des Nettomonatslohns zum Elterngeldhöchstsatz nicht leisten können, in Elternzeit zu gehen.
4. https://de.statista.com/themen/134/scheidung/
5. https://www.zeit.de/arbeit/2018-11/geld-partnerschaft-liebe-finanzen-konto-beziehung/komplettansicht
6. https://www.fleischmagazin.at/index.php/2-uncategorised/19-halbe-halbe
7. https://www.anyworkingmom.com/wieviel-arbeite-ich-die-rechnung-care-work-paid-work-mental-load/
8. https://www.tollabea.de/wp-content/uploads/2018/09/Stay_at_Home_German_S2-4.jpg?x12923
9. https://youtu.be/uz6rjbw0ZA0
10. https://dasnuf.de/aufgaben-wirklich-gleichberechtigt-teilen/#comment-404538
11. https://digitaletanzformation.wordpress.com/2019/01/14/bartleby-trifft-anti-eisenhower-wie-wir-der-uberforderung-vielleicht-entkommen/
12. MKL.wtf
13. https://www.erlebte-paarberatung.de/glueckliche-langzeitpaare/resignative-reife.html
14. Ja, wirklich, es ist nicht von Franz von Assisi.
15. Ja, wir denken auch an die Umwelt und an die Zukunft, aber das fällt für uns in die Langzeitperspektive »Was uns guttut«. Eine ausgelöschte Menschheit tut uns nicht so gut.
16. https://www.trennungsfaq.de/kinder/sorgerecht/gemeinsames-sorgerecht/

17. https://www.elternimnetz.de/kinder/erziehungsfragen/schuetzen/kinderrechte.php#7
18. https://www.tagesspiegel.de/politik/deutschland-im-oecd-vergleich-schlusslicht-nirgendwo-ist-die-rentenluecke-zwischen-maennern-und-frauen-groesser/25275228.html
19. https://www.daserste.de/unterhaltung/film/themenabend-armut-und-verschuldung/altersarmut-ursache-tipps-100.html
20. https://www.watson.de/leben/politik/844083074-altersarmut-frauen-zeigen-ihre-rentenbescheide-die-zahlen-sind-alarmierend
21. So entscheiden übrigens viele Männer, denn sie bekommen im Laufe ihres Lebens eingebläut, dass es ihre Aufgabe sein wird, finanziell für die Familie zu sorgen. Die Frage nach den Leidenschaften stellt sich gar nicht.
22. Ganz wichtig: Ich hatte auch immer Glück, und mein Weg war von Menschen gesäumt, die mich unterstützt haben. Egal, wie man sich anstrengt: Wenn das nicht mit dazukommt, ist man am Ende nicht erfolgreich. Die Story »Jede*r kann es schaffen, er/sie muss nur wollen« ist ein unsinniges Kapitalismusmärchen.
23. Alle Zahlen im Text: Quelle: https://www.bmfsfj.de/blob/127268/2098ed4343ad836b2f0534146ce59028/vaeterreport-2018-data.pdf
24. Angeblich, weil ich glaube, dass sehr viele Männer das annehmen, aber nie wirklich gefragt haben.
25. https://www.spiegel.de/karriere/hewlett-packard-enterprise-sechs-monate-elternzeit-bei-vollem-gehalt-a-1298079.html

Warum »Mach dich mal locker« nicht so einfach ist

1. Schulz von Thun unterscheidet vier Ebenen einer Botschaft: Die Appell-, die Sach-, die Beziehungsebene und die Ebene der Selbstoffenbarung; https://www.schulz-von-thun.de/die-modelle/das-kommunikationsquadrat
2. https://www.netdoktor.de/krankheiten/burnout/
3. Gemma Hartley, *Es reicht.* München 2019, S. 98. Ob es hier um »Maternal Gatekeeping« geht, klären wir im Abschnitt »Viele Wege führen nach Rom«.
4. Maria Sveland, *Bitterfotze*, S. 55.
5. Gemma Hartley, *Es reicht*, S. 75.
6. Amy und Marc Vachon, *Wirklich gemeinsam Eltern sein,* Freiburg 2012, S. 112.
7. http://www.bzw-weiterdenken.de/2013/05/wenn-die-mama-ein-mann-ist/
8. Bei Paaren mit Kindern: Männer in Vollzeit mit nicht erwerbstätiger Frau: 27,7 %, Frauen in Vollzeit mit nicht erwerbstätigem Mann: 4,9 %, https://www.boeckler.de/53496.htm
9. Anne-Marie Slaughter, *Was noch zu tun ist*. Köln 2016, S. 33.
10. https://journals.sagepub.com/doi/abs/10.1177/0192513X13502479?journalCode=jfia

11. https://www.bmwi.de/Redaktion/DE/Infografiken/Wirtschaft/frauen-in-fuehrungspositionen-eu-vergleich.html

Therapie: Schritt für Schritt raus aus der Mental-Load-Falle

1. https://www.zeit.de/karriere/2016-03/vereinbarkeit-familie-beruf-mobbing-muetter
2. Sandra Runge, Rechtsanwältin, auf Twitter https://twitter.com/smartmama_de/status/1228390744777469952
3. Ein Buch von David Allen, das zum Selbstmanagement im Alltag befähigt.
4. Das lag sicherlich daran, dass mein Exmann Unterhalt zahlt und die Kinder regelmäßig nimmt. Deswegen unterscheide ich Getrennt- und Alleinerziehende. Bei Letzteren ist es im Worst Case so, dass die Kinder nie beim Vater sind und dass der keinen Unterhalt zahlt. Die FAZ weiß hierzu: »Einer Studie des Deutschen Instituts für Wirtschaftsforschung zufolge erhält etwa die Hälfte der Alleinerziehenden keinen einzigen Cent von ihrem Expartner. Ein weiteres Viertel bekommt zwar etwas, doch nur jeder vierte Unterhaltspflichtige begleicht den vollständigen Betrag.«, https://www.faz.net/aktuell/wirtschaft/wenn-getrennt-lebende-vaeter-keinen-unterhalt-zahlen-15288366.html
5. http://www.fleischmagazin.at/index.php/2-uncategorised/19-halbe-halbe
6. Amy und Marc Vachon, *Wirklich gemeinsam Eltern sein*, S. 235.
7. So viel kostet ein Kind bis zur Volljährigkeit durchschnittlich; https://www.faz.net/aktuell/finanzen/meine-finanzen/vermoegensfragen/was-kostet-ein-kind-bis-zum-abschluss-des-studiums-13718883.html
8. Aus dem Interview »Putzen oder lieben«; https://www.tagesspiegel.de/kultur/paarbeziehungen-heute-putzen-oder-lieben/8011202.html
9. https://trello.com/de
10. https://wunderlist.com
11. Es gibt auch eigene Einkaufslisten-Apps. Ich mag Wunderlist lieber, weil das Thema nicht festgelegt ist. Wir haben auch eine Wunderlist »Dinge, die wir unbedingt mal machen wollen« und »Mögliche Abendessen im engen Essensuniversum unserer Kinder«.

Ursachen bekämpfen: Wie man Verantwortung loswird

1. In Berlin gibt es ein Heft, mit dem die Lehrer*innen mit den Eltern in der Grundschule kommunizieren. Das heißt wirklich »Mutti-Heft«, als ob der Vati nichts mit den Kindern zu tun hätte.
2. Die Vorsilbe »Bonus« nutzen wir, wenn es noch eine andere leibliche Mutter oder einen anderen leiblichen Vater gibt, das Kind also mit in die Beziehung gebracht wurde. Selbiges gilt für neue Partner. Früher hätte man vielleicht den

Zusatz »Stief« genutzt. Das hat aber so eine negative Konnotation. Deswegen gibt es bei uns nur Bonus-Eltern und Bonus-Kinder.

3. Gemma Hartley, *Es reicht*, S. 70.
4. »Tradition ist Gruppenzwang längst Verstorbener«; Quelle unbekannt.
5. https://m.portal.hogrefe.com/dorsch/hilflosigkeit-gelernteerlernte-1/
6. https://www.instagram.com/p/B3jSv18opOy/?igshid=1t9klruoe57rs
7. https://twitter.com/happokrates/status/1228590357820166144
8. Vielleicht ist es den Kindern aber auch völlig egal, wie die Brezeln gemacht sind, oder sie finden es sogar toll, dass der andere Elternteil Dinge anders handhabt. Umlernen gilt im Zweifelsfall für alle.
9. Gemma Hartley, *Es reicht*, S. 97 f.
10. Beispielhaft hier gefunden https://www.welt.de/187903992#/comment/5c59f218cff47e0001897450
11. https://www.theatlantic.com/entertainment/archive/2014/06/dads-on-sitcoms/373673/
12. Zitiert nach Stefanie Lohaus und Tobias Scholz, *Papa kann auch stillen*, S. 127.
13. Ein Beispiel: Vor einem Vortrag vor 100 Leuten denke ich mir nicht: Was, wenn einer Fragen stellt, die ich nicht beantworten kann? Was, wenn die Tonanlage ausfällt? Was, wenn ich einen Blackout habe? Was, wenn ich vor Aufregung ins Mikrofon rülpse? Was, wenn ich meinen Arbeitsauftrag total missverstanden habe? Sondern: Wenn's total schiefgeht, werde ich von dem einen Anbieter nicht mehr gebucht, und das Honorar wird gestrichen. Ende.
14. Ich war nie besonders gut darin, die Konsequenzen zurückzudelegieren. Hoffentlich seid ihr besser!
15. https://www.nytimes.com/2019/05/04/opinion/sunday/men-parenting.html
16. https://jochenkoenig.net/2017/01/20/maternal-gatekeeping/
17. https://www.nytimes.com/2019/05/04/opinion/sunday/men-parenting.html
18. Zitiert nach Stefanie Lohaus und Tobias Scholz, *Papa kann auch stillen*. S. 64
19. https://ladiespassiton.com/2017/06/12/i-do-not-help-my-wife/
20. https://twitter.com/katjaberlin/status/434323239632785408
21. https://www.youtube.com/watch?v=wJukf4ifuKs
22. Gemma Hartley, *Es reicht*, S. 17.
23. Stefanie Lohaus und Tobias Scholz, *Papa kann auch stillen*, S. 152 f.
24. Amy und Marc Vachon, *Wirklich gemeinsam Eltern sein*, S. 68 f.
25. https://www.familienbetrieb.info/kizz-kolumne-sind-vaeter-die-entspannteren-eltern/
26. https://www.bmfsfj.de/blob/127268/2098ed4343ad836b2f0534146ce59028/vaeterreport-2018-data.pdf
27. https://www.bmfsfj.de/blob/127268/2098ed4343ad836b2f0534146ce59028/vaeterreport-2018-data.pdf

28. Über die Steuererklärung bekommt man das Geld, das man in der Zeit monatlich netto weniger hatte, wieder zurück. Für die Elternzeit muss man dann wieder Lohnsteuerklassen wechseln und den Progressionsvorbehalt im Kopf behalten. D. h. man muss alles genau durchrechnen und entsprechend beantragen. Kompliziert, aber es geht und bringt Geld.
29. https://www.finanzen100.de/finanznachrichten/wirtschaft/lohnunterschie-de-mit-diesem-einkommen-gehoert-ihr-in-eurem-bundesland-zu-den-obe-ren-50-prozent_H54665573_476378/
30. Bezahlt werden lediglich 12 Monate, wenn nur ein Partner Elternzeit nimmt! Vgl. https://www.familienplanung.de/schwangerschaft/familie-und-beruf/elterngeld-elterngeldplus-und-elternzeit/elterngeld-basis-elterngeld/
31. https://www.sciencedirect.com/science/article/abs/pii/S0001879117300453
32. https://www.bmfsfj.de/blob/127268/2098ed4343ad836b2f0534146ce59028/vaeterreport-2018-data.pdf
33. Gemma Harley, *Es reicht*, S. 364.
34. https://www.sciencedirect.com/science/article/abs/pii/S0001879119300685
35. MDR Spaßzone, https://youtu.be/yZjyE2ZTIhA?t=250
36. https://berlinmittemom.com/lets-talk-about-sex-baby-ueber-das-sexleben-als-eltern/

Am Ende des Regenbogens: Was geteilter Mental Load besser macht

1. https://youtu.be/XHMpRX0HzKY
2. Amy und Marc Vachon, *Wirklich gemeinsam Eltern sein*, S. 231.
3. »Männliche Beteiligung im Haushalt macht sie geil.«
4. Gemma Hartley, *Es reicht*, S. 95.
5. https://www.babycenter.de/a35204/wie-sie-ein-toller-papa-mit-nur-15-minu-ten-zeit-am-tag-sein-können
6. Ich spreche niemandem das Gefühl ab. Ich bin 100 Prozent davon überzeugt, dass mein Vater mich immer geliebt hat und liebt. Nur ist das immer etwas Abstraktes geblieben, das ich glauben, aber nicht erleben konnte.
7. https://www.bmfsfj.de/blob/127268/2098ed4343ad836b2f0534146ce59028/vaeterreport-2018-data.pdf
8. Amy und Marc Vachon, *Wirklich gemeinsam Eltern sein*, S. 218.
9. Amy und Marc Vachon, *Wirklich gemeinsam Eltern sein*, S. 239.
10. Stefanie Lohaus und Tobias Scholz, *Papa kann auch stillen*, S. 172.

Zum Schluss

1. Stefanie Lohaus und Tobias Scholz, *Papa kann auch stillen*, S. 85.